埃及大历史

HISTOIRE DE L'ÉGYPTE

[法]
伯纳德·卢甘
（Bernard Lugan）

·著·

吴一凡◎译

SPM
南方传媒 | 广东人民出版社

·广州·

图书在版编目（CIP）数据

埃及大历史 / （法）伯纳德·卢甘著；吴一凡译.

广州：广东人民出版社，2025. 4. -- ISBN 978-7-218-
18382-4

Ⅰ. K411

中国国家版本馆 CIP 数据核字第 2025ED0383 号

著作权合同登记：图字 19-2025-016 号

Histoire de L'Égypte by Bernard Lugan
© 2021, Groupe Elidia
Éditions du Rocher

AIJI DA LISHI

埃及大历史

[法] 伯纳德·卢甘　著　　吴一凡　译　　　版权所有　翻印必究

出 版 人：肖风华

责任编辑：陈泽洪　宁有余
责任技编：吴彦斌
装帧设计：仙境设计

出版发行：广东人民出版社
地　　址：广州市越秀区大沙头四马路 10 号（邮政编码：510199）
电　　话：（020）85716809（总编室）
传　　真：（020）83289585
网　　址：http://www.gdpph.com
印　　刷：天津中印联印务有限公司
开　　本：880mm×1230mm　1/32
印　　张：7.5　　字　　数：136 千
版　　次：2025 年 4 月第 1 版
印　　次：2025 年 4 月第 1 次印刷
定　　价：59.00 元

如发现印装质量问题，影响阅读，请与出版社（020-87712513）联系调换。
售书热线：（020）87717307

阅读提示

（一）

- 写在圆括号（ ）中且由一字线"—"分开的日期代表某人的生卒年份。
- 写在方括号 [ ] 中且以"至"分开的日期代表一段历史时期、统治年限、任期始末，或者某人掌权的时间年限。

例如：

935 年，乌拜杜拉·马赫迪的儿子卡伊姆 [934 年至 946 年]*统治期间，"骑驴的人"阿布·雅齐德（873 年—947 年）**领导哈瓦利吉派进行起义。

* 指卡伊姆在位的时间。
**指阿布·雅齐德的生卒年份。

（二）

- 本书中使用了参考文献的部分会在括号里写明作者姓名和出版日期，参考文献的详细信息可以在书后查询。

序

埃及连接着尼罗河、三角洲和沙漠。因此，不论是从地理历史上讲还是从人文文化上讲，埃及都拥有以下特性。

尼罗河是埃及的脊柱：人们聚居在尼罗河河谷，尼罗河的水位涨落又影响着人们的生活，深刻影响着古埃及的发展史。

王朝时期，埃及北部地中海附近的三角洲曾是一片饱受鳄鱼侵扰的沼泽，而现在，当年那个危险地区已经成为埃及最大的农业区。

沙漠则由邪恶之神赛特掌管。东部沙漠不时爆发蝗灾，西部沙漠则遭受着撒哈拉游牧民族的侵扰。

公元前 6000 年前后，尼罗河河谷低地出现了早期文明，3000 年后，这片土地上的埃及进入王朝时期，逐渐发展出古埃及独一无二的灿烂文明。此时的古埃及文明集中在狭窄的尼罗河沙洲上。面对气候恶化，柏柏尔人逃离撒哈拉沙漠，不停地冲击尼罗河西部绿洲上古埃及人脆弱的防线。在柏柏尔人的侵扰下，古埃及人试图关闭西部边境，但也没能阻止柏柏尔人入侵。

7世纪，阿拉伯人征服了埃及，埃及开始了伊斯兰化的进程，埃及彻底变成了一个东方国家。然而在此之前，埃及受到的影响是多方面的，既有北部希腊文化的影响，又有中东地区文化的影响。

几千年里，地中海东部一直都无法与红海通航。19世纪60年代末，苏伊士运河开通，埃及变成一个各方势力高度重视的战略要地。

殖民时期，英军驻扎埃及，控制了通往印度和亚洲其他国家的水上要道。第二次世界大战期间，轴心国军队和英国军队曾在埃及西部边境展开激烈战斗。轴心国希望控制苏伊士运河，而英国誓要守住这条交通要道。

第二次世界大战后，以色列的诞生使埃及陷入动乱。起初，埃及领导人在对以色列关系上奉行不妥协政策，但是，几次与以色列交手惨败后，埃及人回归现实，基于各方势力平衡的原则制定了本国的地区政策。

目　录

C O N T E N T S

第一章

气候的变化与埃及的诞生

第二章

王朝时期

[约公元前 3200 年至约公元前 1078 年]

第三章

从古埃及王朝衰落到亚历山大大帝征服埃及

[约公元前 1078 年至约公元前 323 年]

第四章

从托勒密一世到阿拉伯征服埃及前夕

[公元前 305 年至公元 642 年]

第五章

阿拉伯征服和伊斯兰教化初期

第六章

马穆鲁克统治埃及的 500 年

[1250 年至 1798 年]

第七章

法国占领时期

[1798 年至 1801 年]

第八章

从穆罕默德·阿里到英军占领埃及

[1805 年至 1882 年]

第九章

1882 年至 1945 年的埃及

第十章

从自由军官政变到萨达特去世

[1952 年至 1981 年]

［第一章］
气候的变化与埃及的诞生

地区气候变化是埃及史前史的线索：

1. 几亿年前，北非和撒哈拉被冰川覆盖。冰川融化后，海洋淹没了这片土地。

2. 一亿年前，湿润的热带雨林代替了海洋，覆盖了北非和撒哈拉。

3. 距今一二百万年到 20 万年，经历过干旱后，北非和撒哈拉地区的森林变成了热带稀树草原，早期人类同时出现。2007 年，研究人员在埃及锡瓦绿洲发现了早期人类留下的最古老的证据，同时发现的还有早期人类的足迹，其中一组足迹可以追溯到距今 200 万年，甚至 300 万年前。

4. 距今 20 万到 15 万年，最古老的现代人类诞生了。距今 13 万年前，现代人类占据了昔兰尼加的绿山。

气候变化对尼罗河流域的历史发展乃至埃及的历史发展产

生了极其重要的影响，尼罗河水位的变化很大程度上解释了埃及"奇迹"的产生①。气候湿润时，尼罗河的冲积堤就会被水淹没。在将近 400 年的时间里，尼罗河的水位高度要比现在高出 6~9 米。相反，在极其干旱的时期，由于众多来自撒哈拉的支流已经干涸，尼罗河不再收到其支流的补充，河流流量开始下降。不过，因为尼罗河能接收来自东非高地（尤其是刚果－尼罗河地区和埃塞俄比亚高原）的赤道水系的补充，所以不会彻底干涸。

因此，人们会根据气候干湿来选择是否在尼罗河河谷定居。河谷被水淹没时，人们就放弃地势低的河谷，转而寻找地势更高的地方居住。这些地方之前是沙漠，此时，在气候变化的影响下，重新变得利于植物生长，利于人类生存。而在尼罗河干旱时，由于狩猎的地方重新变回了沙漠，人们就又回到河谷生活。

埃及主要受到来自撒哈拉和东方世界的影响。诞生于公元前 8000 年，北非最古老的岩洞壁画恰恰证明了撒哈拉中东部和尼罗河流域之间的文化联结。公元前 8000 年至公元前 5000

---

① 从现今的科学发现来看，尽管埃及拥有距今 30 万年的最早的石器和双面石器，但这里并没有出土任何人类化石。3000 万年前，法尤姆地区茂密的森林和红树群落里生活着一只小身型的猴子，即埃及猿。1966 年，科学家首次发现了埃及猿的存在，2004 年科学家再次发现埃及猿的痕迹。（McCabe，2017）

年间，撒哈拉出现了最早期的绘画，其表现风格和埃及前王朝时期部分文化的绘画风格十分相似。

2万年来，在尼罗河流域漫长的气候演变中，有4个格外重要的干湿时期。干湿季交替直接影响了河谷低地人类的迁移史，而埃及就在这些干湿季的变化中诞生。

1. 极干旱时期 [约公元前 1.6 万年至约公元前 1.3 万年]

在约公元前 1.6 万年至约公元前 1.3 万年间极干旱时期的影响下，人类首次来到尼罗河流域聚集生活。

在欧洲末次冰盛期（距今 10 万年至 1 万年间），北非经历了一段极寒干燥的时期。这一时期，尼罗河狭窄的冲积平原成为人们的避难所，使人们得以逃离干旱的东撒哈拉。

公元前 1.6 万年至公元前 1.3 万年末期，尼罗河流域的居民依靠传统的狩猎、捕鱼、采摘获得食物。尼罗河河谷附近出土的文物证明，此时部分社群已经在此定居。根据季节变化及各地特点，尼罗河流域被人为划分为捕鱼地、狩猎地和采摘地。约公元前 1 万年，定居于此的居民甚至拥有了专门的墓地。

受到干旱影响，人们被迫适应有限的空间，尼罗河流域的居民也因此开始"管理"他们的住所，以便获得最多的生存资源。因此，约公元前 1.6 万年，尼罗河流域粗放型的狩猎经济逐渐发展成了集约型经济，这一发展过程被称作"尼罗河适应"，即合理的粗放型经济。由于空间不足，这片土地不能支持人们过上和以前一样的游牧生活。新石器时代还远未到来，而标志王朝时期埃及生活的基础已经出现了。实际上：

"'尼罗河适应'孕育了埃及三大季节的雏形：洪水期、退水期和炎热期。尼罗河流域的部落在这片有限的土地上来回迁徙，出现了群体行为和集体意识。部落规律性迁徙和储存货物的使用就是很好的证明。"（Midant-Reynes，1992）

公元前 1.3 万年前后，气候再次变化，河水又一次淹没了尼罗河河谷，尼罗河流域的居民又离开了这里。

2. 高水位时期 [约公元前 1.3 万年至公元前 7000—前 6000 年]

在约公元前 1.3 万年至公元前 7000—前 6000 年的高水位时期，在赤道地区降水的影响下，尼罗河泛滥并冲出河堤，人们被迫离开了尼罗河河谷。这就是本书所说的"尼罗河排斥"现象："尼罗河排斥"持续了上千年，在此期间，人们重新占据了俯瞰山谷的悬崖，大部分人向西迁徙，也有人向东迁徙，重新占领了之前的那片荒漠，而受到降水影响，荒漠的部分地区已经重现生机。

据观测，在这一时期的末期，即公元前 8000 年至前 6000

年，纳巴塔沙漠（Ⅰ和Ⅱ）出现了古老的撒哈拉新石器文化。

3. 极干旱时期和前王朝开端 [公元前 7000—前 6000 年至公元前 5000—前 3500 年]

在极干旱时期 [公元前 7000—前 6000 年至公元前 5000—前 3500 年]，尼罗河河谷再次成为人们的避难所，埃及前王朝也在此建立。大约 8000 年前（约公元前 6000 年），新一轮气候变化来临，干旱重新笼罩尼罗河河谷，人们再次回到这里繁衍生息。养殖牛羊的柏柏尔人，从西部迁徙到重新变得宜居的尼罗河河谷。

这一时期正处于"中期干旱"（也称"全新世中期干旱"[①]）阶段。此时，撒哈拉游牧民族和他们的牧群集中在尼罗河流域。然而，由于缺少空间，游牧生活逐渐终止，人们开始了群体定居的生活。游牧民族的采摘行为也变成了农业生产活动。

这种变化出现在公元前 5700 年至前 4700 年间，此时埃及刚刚进入新石器时代。在法尤姆，大麦、滨豆、洋葱、鹰嘴豆

[①] 也称"后新石器时代干旱"。

和亚麻是当地居民的主要种植作物。

公元前5700年前后，部分新石器文化的撒哈拉人和尼罗河适应的后人在这里相遇，埃及由此"诞生"。这段埃及形成的时期称作前王朝时期，即公元前5700年前后到前3500年前后。前王朝时期的历史有5个主要可考区域，在这些地方诞生了许多古老的文化，即：

•法尤姆文化（埃及新石器文化）：约公元前5700年至约公元前4700年

•巴达里文化（巴达里人）：约公元前5500年至约公元前3800年

•涅伽达文化I期（涅伽达人），又称阿姆拉特文化（阿姆拉特人）：约公元前4500年至约公元前3900年

•莫林达文化：约公元前4600年至约公元前3500年

•奥马里文化：约公元前4200年至约公元前4000年

最早期的埃及文化形成于巴达里山谷东西最辽阔的区域。之后，在涅伽达、撒哈拉和红海的交汇处，出现了埃及文明的文化矩阵。事实上，随着（来自涅伽达村的）涅伽达人的出现，一场真正的变革开始了：可征服的空间已经消失，而人口还在增长，尼罗河河谷的居民被迫开展集体工程，利用水和冲积物的循环来增加生产。

4. 极干旱时期和从前王朝到早王国的过渡

[约公元前 3500 年至约公元前 3000 年]

约公元前 3500 年至约公元前 3000 年，干旱地区的扩张促使埃及由前王朝向早王国过渡。

前王朝时期的埃及跟我们了解的今天的埃及不尽相同。尼罗河及其河谷两岸部分地区的生态环境仍然更适合畜牧业的发展，在这片土地上，生存着鸵鸟、羚羊、各类瞪羚、长颈鹿、狮子等非洲热带稀树草原地区的典型动物。

之后，从约公元前 3500 年起，在全新世中期干旱时期，又称中期干旱时期，出现了短暂的加速干旱期，因此，撒哈拉地区的居民再次逃离撒哈拉，又一次来到了尼罗河河谷①。

在这里，人们被迫逐渐离开了尼罗河滨河地区，聚居在滨海绿洲，并逐渐定居于此。由于土地空间有限，农业逐渐替代了畜牧业。

---

① 由于没有确定的埃及年表，我们所探讨的日期和时期都是约定俗成的。此外，历史学家们对"中间期"的界定并不明确，并不是所有作者都用相同的时间范围来界定这一时期，部分界定甚至存在争议。例如，在可能包括 5 个王朝（第二十一王朝至第二十四王朝的"利比亚"王朝和第二十五王朝的"努比亚"王朝）的第三中间期的存在问题上，历史学家们仍有争议。这些问题和不确定性意味着，王朝的年表是埃及历史最方便的参考，即使历史学家们对于王朝年代的界定不尽相同。

此时，由于社区集体工程需要严格管理土地和人力，埃及最早的原始国家诞生了。在前王朝后期[约公元前3500年至约公元前3200年]，或称涅伽达文化Ⅱ期，在法老统一之前，这个时期的人口聚居统一。这种新现象逐渐在整个尼罗河河谷，包括尼罗河三角洲地区普遍起来。

约公元前3500年至约公元前3000年，埃及土地上存在着3个城邦：希拉孔波利斯、涅伽达和阿拜多斯。这3个城邦，又称原始王国，相互竞争着埃及的统治权。

一个统一的文化和经济部落存在于从埃及北部三角洲到努比亚（格贝尔山－康翁波）的地区，为之后法老时期，或称古王朝时期初期的统一政治奠定了基础。法老时期开始于约公元前3200年，最初的两位法老是美尼斯和那尔迈（尚未得到证实）。在这一过渡时期，埃及主要出现了两大文化部落，一是约公元前3500年到约公元前3200年间的格尔塞时期（又称涅伽达文化Ⅱ期），二是约公元前3200年到约公元前3100年的涅伽达文化Ⅲ期。在涅伽达文化Ⅲ期，埃及逐渐走向统一。

[第二章]
王朝时期

[约公元前 3200 年至约公元前 1078 年]

第一王朝开始于约公元前 3200 年，先于美尼斯和那尔迈的传奇统治。之后，随着上埃及攻占下埃及，古埃及实现统一，定都尼罗河三角洲的孟斐斯城，古埃及王朝时期开始了。

从这一时期开始，法老作为古埃及政治宗教系统的核心，成为古埃及文化的基石。如果没有法老这个角色，就没有人保证古埃及社会的正常运转，就没有人负责向神明祭献贡品——因为法老是唯一有权献祭的人——神明也许就不会庇佑古埃及，古埃及社会也许就会覆灭。

1. 古王国时期 [约公元前 2700 年至约公元前 2200 年]

很长一段时间以来，古王国时期都被称作孟斐斯王朝（因为此时古埃及的首都是孟斐斯）。这一时期，从尼罗河三角洲到第一瀑布，上埃及和下埃及的融合得到加强。不过，这一时期还有很多有待研究的方面。

古埃及朝代年表（早王国时期至新王国时期）

约公元前3200年—前3100年至公元前2700年的埃及：早王国时期（首都提尼斯），又称古风时代

第一王朝　约公元前3200年至约公元前2890年

第二王朝　约公元前2890年至约公元前2700年

约公元前2700年至约公元前2200年的埃及：古王国时期（从尼罗河三角洲到第一瀑布，首都孟斐斯）

第三王朝　约公元前2700年至约公元前2620年

第四王朝　约公元前2620年至约公元前2500年

第五王朝　约公元前2500年至约公元前2350年

第六王朝　约公元前2350年至约公元前2200年

约公元前2500年至约公元前1500年的上努比亚：库施王朝

约公元前2300年至约公元前1600年的下努比亚：文化期C

约公元前 2200 年至约公元前 2050 年的埃及：第一中间期

第七王朝（孟斐斯）

第八王朝（孟斐斯）

第九王朝（赫拉克来俄波利斯）

第十王朝（赫拉克来俄波利斯）和第十一王朝初期（底比斯）

约公元前 2050 年至约公元前 1797 年的埃及：中王国时期（首都底比斯）

第十一王朝

第十二王朝

约公元前 1797 年至约公元前 1543 年的埃及：第二中间期

第十三王朝和第十四王朝

第十五王朝（喜克索斯）

第十六王朝（喜克索斯）

第十七王朝（底比斯）

古王国时期[①]由第三王朝 [约公元前 2700 年至约公元前 2620 年]、第四王朝 [约公元前 2620 年至约公元前 2500 年]、第五王朝 [约公元前 2500 年至约公元前 2350 年] 和第六王朝 [约公元前 2350 年至约公元前 2200 年] 4 个王朝组成。

从生物学角度来讲，第二王朝和第三王朝之间并未间断，因为第三王朝的第一位法老内布卡和第二王朝的最后一任统治者卡塞凯姆威有血缘关系，前者可能是后者的儿子或者孙子。第三王朝的第二位法老左塞尔又是卡塞凯姆威的孙子。

第四王朝期间，吉萨的 3 座金字塔落成了。然而，人们对这段历史时期还是知之甚少。我们既不知道第四王朝期间有几位法老，也不知道每位法老的统治时间。第四王朝的法老斯尼

---

①虽然早王国和古王国之间的分界点并不明确，甚至是人为划分的，但人们普遍认为，古王国是从第三王朝开始的。

夫鲁[约公元前2575年至约公元前2550年]组织了多次远征，进攻努比亚人，以及东沙漠地区和西奈地区的贝都因人和撒哈拉地区的柏柏尔人。斯尼夫鲁的儿子胡夫（希腊人称之为奇阿普斯）继位后，建造了位于吉萨的胡夫金字塔。胡夫的继任者是他的儿子哈夫拉（希腊人称之为希夫伦），哈夫拉的继任者是胡夫的孙子孟卡拉。这3位法老都因他们各自建造的金字塔而留名史册。第四王朝的最后一任统治者可能是孟卡拉的儿子谢普塞斯卡弗，这位法老只在位了4年。

第五王朝开始于约公元前2500年，包含9位统治者。第五王朝和第四王朝有血缘上的联系，因为第五王朝的法老都是胡夫的后代。第五王朝的第一位统治者是乌瑟卡夫[约公元前2500年至约公元前2490年]。他的继任者萨胡拉在统治期间进行了数次远征，部分远征军走海路，以非武力的方式到达了黎巴嫩和蓬特（今索马里）。另外一些远征军则武力进攻了西边的柏柏尔人和西奈地区过着游牧生活的犹太人。

萨胡拉之后，他的弟弟内弗尔卡拉[约公元前2490年至约公元前2480年]继任。内弗尔卡拉在任期间没有什么特别的功绩，之后谢普塞斯卡拉[约公元前2480年至约公元前2470年]、兰尼弗雷夫[约公元前2470年至约公元前2460年]、纽塞拉[约公元前2460年至约公元前2430年]相继登上王位。纽塞拉热衷征战，开拓了古埃及的国土。纽塞拉的继任法老门

卡霍尔 [约公元前 2430 年至约公元前 2420 年] 和在位至少 40
年的杰德卡拉 [约公元前 2420 年至约公元前 2380 年] 就没有
如此突出的功绩了。

第五王朝的最后一位法老乌尼斯 [约公元前 2380 年至约
公元前 2350 年] 发起征战，征服了古埃及长久以来的敌人。
乌尼斯有时也被认为是第六王朝的第一位法老。

第五王朝结束后，古埃及进入第六王朝时期。第五王朝末
期为乌尼斯法老效力的古埃及高级官吏，也继续为第六王朝的
第一位法老特提 [约公元前 2350 年至约公元前 2330 年] 效力。
对于这个先后由 6 位法老统治的新王国，人们同样也有不了解
之处。

特提的继任法老是乌瑟卡拉，人们对他的了解甚少。与之
相反，在位时间长达 50 年的佩皮一世 [约公元前 2330 年至约
公元前 2280 年] 的相关资料就十分丰富。在佩皮一世统治期间，
古埃及的政治和文化高度发达。在国内，佩皮一世改组了国家
行政部门，并进行了一定程度的放权；在国外，佩皮一世领导
古埃及再次统治了游牧民族居住的西奈地区。

约公元前 2280 年，佩皮一世逝世，其子奈姆蒂姆萨夫一
世 [约公元前 2280 年至约公元前 2270 年] 继任。奈姆蒂姆萨
夫一世在位时间不到 10 年。在这期间，奈姆蒂姆萨夫一世平
叛了下努比亚，也就是第一瀑布和第二瀑布之间的地区。要知

道，早在第五王朝末期，下努比亚就断绝了和古埃及的联系，不再依赖古埃及。

奈姆蒂姆萨夫一世同父异母的弟弟佩皮二世的继位标志着古埃及从古王国时期向第一中间期过渡。佩皮二世上任时还是个孩子，而他逝世时已经是个高龄老人了。佩皮二世统治古埃及的时间非常长，在他统治的前半期，古埃及迎来了格外辉煌的一段历史。在这一时期，古埃及的影响范围比历史上任何一段时期都大，辐射范围一直延伸到了蓬特，向南从第一瀑布一直延伸到了第三瀑布以南的地区。佩皮二世的军队劫掠了努比亚，抓捕了许多俘虏，努比亚地区的首领及其家人甚至都被逮捕了。

而在佩皮二世统治的后半期，古埃及的中央政权削弱了，地方出现了主张废除种族隔离制度的力量。农民苦于重税和劳役，尤其是有关某些重大工程的劳役，开始起义反抗。此外，古埃及还爆发了饥荒。古埃及陷入混乱之时，撒哈拉的柏柏尔人鼓起勇气乘虚而入，沿着尼罗河河谷开始扫荡。佩皮二世逝世后，第六王朝也就逐渐没落了。

第一中间期①是指古王国和中王国之间的历史时期。在第

————————————

① 中间期的标志是王权的没落，因此也标志着对埃及的生存至关重要的统一性的消失。

一中间期，古埃及中央政权瓦解并逐步分散，地方诺马尔赫①实力壮大。第一中间期标志着统一的埃及的结束。150年里，古埃及的西部边界和北部边界都遭受着威胁。在西边，住在东撒哈拉的柏柏尔人——其中一部分柏柏尔人已经或多或少地埃及化了——被迫逃离越来越干旱的东撒哈拉地区，更加频繁地侵扰尼罗河河谷的边界。在北方，尼罗河三角洲地区被亚洲民族占领，下埃及地区分裂成了几个互相争斗的小王国。

这是埃及史上史料较少的一段时期。在此期间，4个王朝的法老曾先后统治古埃及，他们来自定都孟斐斯的第七王朝和第八王朝和定都赫拉克来俄波利斯的第九王朝和第十王朝。

第一中间期可以分为两个时期：第一个时期包括第七王朝和第八王朝，在这一时期的埃及，国家仅以一种象征的方式存在；到了第二个时期，也就是第九王朝和第十王朝期间，古埃及领土出现分裂。此时，古埃及被分成了3个地区，一是亚洲人控制的尼罗河三角洲地区，二是赫拉克来俄波利斯的诺马尔赫控制的中埃及地区，三是底比斯人控制的上埃及地区。第十一王朝则衔接了第一中间期和中王国②，该王朝初期的几位

---

① 诺马尔赫，指古埃及地区行政长官。最初，他们是公务员，负责管理一个行政区划，即一个诺姆，每个诺姆都有其省会和标志。古王国时期，埃及被划分为38个诺姆。中央权力弱时，诺马尔赫往往会脱离中央权威控制。
② 此处不再列举这一时期几十位真实的、有史料记载的或传说中的法老。

法老和第一中间期关系紧密。

第一中间期结束于孟图霍特普二世 [约公元前 2064 年至约公元前 2013 年] 的统治期间。孟图霍特普二世成功地重建了古埃及的国家权威。不过，我们并不知道孟图霍特普二世统治的具体信息。

2．中王国时期 [约公元前 2050 年至约公元前 1800 年]

古埃及中王国时期持续了不到 3 个世纪，包括第十一王朝的一部分和第十二王朝。中王国时期开始于第十一王朝后期。

在第十一王朝法老孟图霍特普①二世的长期统治下，古埃及再次实现了统一②。随着反对诺马尔赫世袭官职运动的展开，孟图霍特普二世对古埃及的行政部门进行了重组。随后，古埃及再次向努比亚扩张。

孟图霍特普二世后，其子孟图霍特普三世 [约公元前 2013 年至约公元前 2001 年] 继位。孟图霍特普三世掌权期间，古埃及的统一得到了巩固。与此同时，孟图霍特普三世朝着两个

①孟图霍特普的意思是"孟图神觉得满意"，孟图神是古埃及的一位战神。
②第十一王朝时期，孟图霍特普二世的父亲、上一任法老因提夫三世统治时期可能才是古埃及统一的起点。

方向进行了军事远征和商业扩张，其中就有约公元前 2005 年向蓬特进行的远征。第十一王朝最后一任法老是孟图霍特普四世 [约公元前 2001 年至约公元前 1994 年]。孟图霍特普四世的统治是在和平环境中度过的。

第十二王朝 [约公元前 1994 年至约公元前 1797 年] 期间共有 6 位法老，他们之中有埃及史上著名的几位法老。

首先是阿蒙涅姆赫特一世[1][约公元前 1994 年至约公元前 1964 年]。这一时期，努比亚人、撒哈拉的柏柏尔人、西奈地区的游牧民族都想要入侵尼罗河河谷，而阿蒙涅姆赫特一世的首要任务就是保护古埃及不受他们的侵扰。阿蒙涅姆赫特一世发起了多次军事远征，其中有很多是向努比亚发起的。阿蒙涅姆赫特一世也亲自指挥过一场远征。这些远征活动在史料中都有详细记载。

阿蒙涅姆赫特一世是遭遇暗杀而身亡的[2]。阿蒙涅姆赫特一世之后，其子辛努塞尔特一世 [约公元前 1964 年至约公元前 1919 年] 继位。辛努塞尔特一世曾和其父共同摄政。阿蒙涅姆赫特一世去世时，辛努塞尔特一世正在利比亚侵略柏柏尔人。在他的统治下，古埃及迎来了中王国时期的黄金期，古

---

[1]阿蒙涅姆赫特一世是孟图霍特普三世的维齐尔（宰相），可能是在法老死后夺权上位。

[2]阿蒙涅姆赫特一世死于宫廷阴谋，《西努赫的故事》就是以此为灵感写成的。

埃及经济发达，艺术、文化欣欣向荣，建筑业也得到了巨大发展。

在辛努塞尔特一世的统治下，古埃及领土得到扩张，和努比亚的边界推进到了第二瀑布附近。同时，古埃及还在蓬特、西奈、红海沿岸和尼罗河河谷西部的绿洲与其他民族进行商贸往来。

由于资料的不完整，辛努塞尔特一世的继任者阿蒙涅姆赫特二世知名度就不那么高了。然而，在阿蒙涅姆赫特二世的统治下，古埃及与边远地区的商贸往来仍在继续，古埃及仍保持着经济繁荣。

我们对于辛努塞尔特二世 [约公元前 1881 年至约公元前 1873 年] 的统治同样知之甚少，这可能是因为辛努塞尔特二世的任期很短。而他的继任者辛努塞尔特三世 [约公元前 1873 年至约公元前 1854 年] 的情况又有所不同。辛努塞尔特三世是一位好战的法老，一个伟大的建造者。在他的任期内，古埃及军队跨过了塞姆纳和库姆纳，远征巴勒斯坦和努比亚。在国内，法老削弱了各地诺马尔赫的权力，加强了中央集权。辛努塞尔特三世的儿子阿蒙涅姆赫特三世即位之时，古埃及经济富足，颇受邻国尊敬。

阿蒙涅姆赫特四世 [约公元前 1809 年至约公元前 1800 年] 和塞贝克涅弗鲁 [约公元前 1800 年至约公元前 1797 年] 统治

期间，古埃及政权体系突然崩溃，第十二王朝由此终结。约公元前 1797 年至约公元前 1543 年，古埃及领土再次分裂，古埃及的第二个混乱时期来临，第二中间期开始。

第二中间期时，古埃及的南北方都出现了分裂和瓦解的现象。第二中间期包括从第十三王朝到第十七王朝 5 个王朝。第十五王朝和第十六王朝是由喜克索斯人建立的，第十七王朝是由底比斯人建立的①。

喜克索斯人由印欧民族和亚洲民族组成。当他们驾驶马拉战车入侵埃及北部后，尼罗河三角洲地区就不再受古埃及王权的管控，转而分裂成几个城邦。公元前 1750 年起，喜克索斯人控制了这些城邦，约公元前 1675 年，喜克索斯的一位首领萨里梯斯建立了第十五王朝，定都阿瓦里斯（近培尔－拉美西斯）。在近百年间，喜克索斯人成为地区的主导力量，将他们的统治范围扩展到了中埃及，连底比斯的国王都需要向他们进贡。

这一时期，分裂成了常事，努比亚人吞占了大量的古埃及领土。库施王国②吞并了布衡城，将其领土范围拓展到了第二瀑布，之后又和喜克索斯人结盟了。底比斯的国王不得不到前线战斗，即便如此，底比斯人还是占领了尼罗河三角洲地区，

---

①第十四王朝共有 76 位统治者，在此不一一列举。

②第十三王朝 [约公元前 1797 年至约公元前 1634 年] 期间，努比亚的首领已经开始摆脱埃及的控制，并与一位定居在科尔马的国王联盟。

统一了上下埃及。古埃及的再次统一标志着新王国的开始。

3. 新王国时期 [约公元前1543年至约公元前1078年]

新王国时期[1]古埃及先后由3个王朝（第十八王朝、第十九王朝和第二十王朝）统治，这一时期，古埃及重归统一，并朝着努比亚、巴勒斯坦等地展开领土扩张。我们并不清楚第十八王朝 [约公元前1543年至约公元前1292年] 开始时的明确信息，新王国时期开始时的信息也不甚明确。关于第十八王朝的创建者阿摩西斯一世，或称雅赫摩斯一世[2]甚至还有不清楚的地方。在喜克索斯人统治后期，雅赫摩斯一世将喜克索斯人驱逐出了古埃及领土。在这场"解放战争"中，雅赫摩斯一世先是拿下了孟斐斯城，之后又夺回了阿瓦里斯和沙鲁亨（喜克索斯人的首都，位于今巴勒斯坦加沙地带南部）。在喜克索斯人被彻底打败并被逐出巴勒斯坦和叙利亚之后，雅赫摩斯一世转而进攻努比亚。雅赫摩斯一世从布衡出发，朝着第二瀑布的南部进发，直捣库施王朝的核心。在这一系列的军事进攻后，

---

①有时也称第二底比斯帝国。除埃赫那吞统治期间的短暂间歇外，底比斯一直是阿蒙神的城市，是宗教大都市和政治首都。
②第十八王朝确实应该从雅赫摩斯一世开始，而他的父亲塞格嫩拉·陶二世和他的叔叔（？）卡摩斯应属于第十七王朝。

古埃及重新建立了其强大的领土优势。

雅赫摩斯一世留给他的儿子也是他的继任法老阿蒙霍特普一世 [约公元前 1518 年至约公元前 1497 年] 一个统一而和平的古埃及。由于阿蒙霍特普一世没有留下王位继承人，王权就交到了一位底比斯贵族图特摩斯一世① [约公元前 1497 年至约公元前 1483 年] 手中。在他的统治下，古埃及向努比亚地区不断扩张，领土范围甚至扩展到了第四瀑布以南。图特摩斯一世也对亚洲展开了进攻，古埃及军队曾经一度到达幼发拉底河。图特摩斯一世同样也是一位建造者，留下了许多知名建筑，其中就有底比斯的古墓。

图特摩斯二世 [约公元前 1483 年至约公元前 1480 年] 也是图特摩斯一世的儿子，他娶了自己同父异母的姐姐哈舍普苏特。图特摩斯二世在位时间较短，在位期间并没有实现什么伟业。图特摩斯二世去世后，其子图特摩斯三世 [约公元前 1480 年至约公元前 1424 年] 即位。由于图特摩斯三世即位时还很小，图特摩斯一世的女儿、图特摩斯二世的妻子哈舍普苏特曾在约公元前 1480 年至约公元前 1457 年期间在位摄政：

"这次摄政从时间和性质上来讲都是埃及史上史无前例的，他将图特摩斯三世的统治划分为三个时期：一是图特摩斯

---

① 图特摩斯一世在一段婚姻中生有两个女儿，大女儿是哈舍普苏特。

三世幼年时期，哈舍普苏特作为摄政王后辅政；二是哈舍普苏特成为法老后，两位法老同时统治埃及；三是哈舍普苏特去世后，图特摩斯三世独自统治埃及。"（Vandersleyen, 1995）

哈舍普苏特"统治"古埃及期间，曾多次向蓬特派遣商队。位于底比斯戴尔·埃尔·巴哈里的女王葬祭庙是哈舍普苏特统治期间留下的重要建筑遗产，葬祭庙墙壁的浮雕上就记载了哈舍普苏特时期的一次商业远征。

从约公元前 1457 年图特摩斯三世独自统治古埃及开始，他就开始向亚洲扩张领土①，主要进攻巴勒斯坦，有时也进攻黎巴嫩。图特摩斯三世摧毁了米坦尼王国②。多次远征后，图特摩斯三世控制了部分城市，腓尼基和巴勒斯坦的城市开始向古埃及进贡，位于美索不达米亚的亚述王国和巴比伦王国行事也更加谨慎。古埃及也再一次向努比亚地区挺进，当时，努比亚，至少是第四瀑布以北地区似乎已经完全被古埃及控制，融入了古埃及的政治和经济生活。

图特摩斯三世的儿子阿蒙霍特普二世 [约公元前 1424 年

---

① 图特摩斯三世至少向亚洲发起了 14 次远征。

② 经过长期的争论，现在人们认为，公元前 16 世纪的米坦尼王国似乎是印度－雅利安的祖先，印度－雅利安贵族领导着胡里人。米坦尼王国应该是在赫梯帝国第一次衰弱的时候发展起来的。它打败了亚述，并占领了其首都阿舒尔。

至约公元前 1398 年] 统治时期，米坦尼王国受到邻国威胁，开始亲近古埃及。阿蒙霍特普二世统治时期，古埃及出现了新的艺术形式和新的服饰风格。在对人的艺术表现方面，甚至出现了一个"转折点"：绘画中，人脸的画法发生了变化，眼睛变得更细长，人变得更瘦，对假发的描绘占比更大；女性的衣服不那么修身了，肩膀也裸露了出来。

图特摩斯四世 [约公元前 1397 年至约公元前 1387 年] 的短暂统治期间，古埃及，尤其是古埃及在亚洲的部分，处于和平状态。此时，法老和米坦尼王国基本结成了同盟，法老迎娶了米坦尼国王阿尔塔塔玛一世的女儿苏赫塔娜。

阿蒙霍特普三世 [约公元前 1387 年至约公元前 1348 年] 是图特摩斯四世和他的妻子苏赫塔娜的儿子，他还是个孩子时就登基了。法老先后与米坦尼王国新王图什拉塔的姐妹基鲁克帕、图什拉塔的女儿塔杜刻赫帕成婚，巩固了古埃及与米坦尼王国的联盟。阿蒙霍特普三世去世后，塔杜刻赫帕又嫁给了他的儿子，也就是下一任法老阿蒙霍特普四世[1] [约公元前 1348 年至约公元前 1331 年]。

阿蒙霍特普四世统治古埃及初期，可能是和他的父亲阿蒙

---

①阿蒙霍特普四世的第一任妻子是纳芙蒂蒂。这个美丽的女人可能是埃及人，而不是"米坦尼的公主"。

霍特普三世共治古埃及的。阿蒙霍特普四世样貌丑陋，身体孱弱，眼神忧郁，头大而不协调，嘴唇厚而下陷，大腹便便。有学者猜测，阿蒙霍特普四世可能是一位饱受癫痫折磨的病人，或者是一个被幻视折磨的人，但这些猜测目前还没有定论。

阿蒙霍特普四世即位时，古埃及事实上是由阿蒙祭司集团统治的，阿蒙祭司集团对法老的王权统治构成了严重威胁。这位年轻的法老试图推行宗教改革，以削弱神职人员的权力，使传统宗教向一神教发展，太阳神阿吞成为唯一普世的神。阿蒙霍特普四世用太阳神阿吞代替了底比斯神阿蒙。此前，太阳神阿吞只是赫利奥波利斯的神，而阿蒙霍特普四世将他的地位提升到了古埃及最高神。

为了支持唯一的神——太阳神阿吞，阿蒙霍特普四世下令关闭了古埃及众神庙。在妻子纳芙蒂蒂的支持下，阿蒙霍特普四世开始了一场真正的革命。他关闭了卡纳克神庙，遣散了阿蒙祭司，放弃底比斯转而迁都埃赫塔吞（位于阿玛尔纳①），在那里，人们可以全心全意信奉太阳神，不会有任何东西让他们想起从前的神明。阿蒙霍特普四世还将阿蒙从碑文上除名，

①阿玛尔纳这个名字也因此被用来指代阿蒙霍特普四世统治时期的新艺术和建筑风格，其特点放弃了传统的教规和惯例。身体经常被描绘成动态，而不是像以前那样的静态。

自己改名为"埃赫那吞"（信奉阿吞神的人）。

这场宗教和政治革命自然遭到了阿蒙祭司的强烈反击，他们认为这标志着他们自己特权的终结，并谴责这是对古埃及人身份认同的威胁。阿蒙霍特普四世失败了，因为古埃及人仍然坚守他们对冥王奥西里斯的信仰，而且仍然相信死后仍有来生①。

在阿蒙霍特普四世的统治下，古埃及的领土扩展到了今巴勒斯坦的加沙地区。米坦尼王国内战期间，米坦尼王子阿尔塔塔玛二世曾寻求赫梯国王苏庇路里乌玛 [公元前 1380 年至公元前 1346 年] 的帮助，而在这之后，地区形势发生了改变。之后，为了摆脱赫梯的控制，阿尔塔塔玛转而寻求古埃及的帮助，但是阿蒙霍特普四世选择保持中立，赫梯国则借此机会占领了叙利亚。米坦尼王国从此走向衰落，分裂成了两部分，一部分受赫梯控制，另一部分则受亚述人控制。

由于阿蒙霍特普四世去世时膝下无子，他的女婿图坦哈吞②即位，并改名为图坦卡蒙 [约公元前 1339 年至约公元前 1329 年]，成为古埃及新一任法老。图坦卡蒙在位期间并无显著政绩，他去世时膝下同样无子。因此，第十八王朝就这样结束了

---

①阿蒙霍特普四世死后，阿蒙祭司实施报复，其报复程度相当于祭司所遭受的迫害，所有记录埃赫那吞统治的东西都被拆解，首都埃赫塔吞被夷为平地。
②图坦哈吞决定将自己的名字改为图坦卡蒙，以昭告宗教革命的结束。

它的辉煌时期。

图坦卡蒙逝世后，古埃及进入了一段混乱时期。在此期间，两位没有王室血统的法老相继即位。第一位是阿伊[约公元前1329年至约公元前1318年]，我们并不清楚这位法老的生平，也不知道他是如何登上王位的。他去世后，古埃及军队统帅霍朗赫布夺权统治古埃及，直到约公元前1292年。由于霍朗赫布没有男性继承人，他将王位传给了他的廷臣普拉美斯。普拉美斯改名为拉美西斯一世[公元前1292年或公元前1291年]并登上王位，创建了第十九王朝[约公元前1292年至约公元前1186年]。

在拉美西斯一世短暂的统治之后，他的儿子塞提一世[约公元前1291年至约公元前1279年]即位，重新采取了从一个半世纪前图特摩斯三世开始就放弃了的战略，再次向亚洲扩张。拉美西斯一世占领了巴勒斯坦和叙利亚①，曾三度出兵亚洲，进攻赫梯、努比亚和古埃及撒哈拉边远地区。

拉美西斯一世的儿子拉美西斯二世[约公元前1279年至约公元前1212年]②继承了他父亲的王位，也继续了他父亲的扩张战略。拉美西斯二世是一位建筑师，他建造了包括阿

①卡纳克神庙的浮雕上记录了拉美西斯一世发起的军事远征。
②拉美西斯二世上台执政的具体日期仍有争议。

布·辛拜勒神庙在内的多座努比亚神庙，同时，他也是一位政治家，一位好战的法老。拉美西斯二世发起了多次军事远征，这也让他成为埃及史上最伟大的统治者。他曾出兵古埃及南部的努比亚，进攻过西边位于撒哈拉的利比亚 - 柏柏尔人，在同赫梯人的战争中取得了巨大胜利，卡迭石战役①就是其中最著名的一场战役。

拉美西斯二世之后，他 60 岁的儿子麦伦普塔赫 [约公元前 1212 年至约公元前 1202 年] 即位。作为拉美西斯二世的第13 个儿子，麦伦普塔赫即位法老只是因为当时婴儿死亡率极高。麦伦普塔赫统治时期，针对各种想要入侵古埃及的人发动了 3 次军事行动。这些入侵者既有撒哈拉的柏柏尔人、努比亚人，也有觊觎古埃及领土的新客——海上民族②。在那时，柏柏尔人是古埃及最大的威胁，由于干旱进一步加剧，柏柏尔人开始向尼罗河河谷迁移，他们首先进攻的正是尼罗河西部的大片绿洲。

麦伦普塔赫之后，4 位法老相继即位，古埃及越来越混乱，

---

①这不是一次完全的胜利。赫梯人出动了战车，埃及军队损失惨重，直到法老亲自上场指挥才避免了惨败。此外，赫梯人仍然控制着卡迭石。然而，从第十八王朝开始，埃及军队就有了马匹和战车。
②由于身份不明，种族繁多，海上民族的起源（可能是由希腊人、克里特人组成）引起了无尽的争论，由于篇幅问题，在此不进行具体介绍。

开始走向衰落。

这4位法老中的第一位就是麦伦普塔赫的儿子塞提二世 [约公元前1201年至约公元前1196年]。塞提二世统治期间，阿蒙麦西斯①企图篡夺王位，这场政变以塞提二世保住王位而结束，但自此，古埃及的威望被削弱了。剩下的3位法老分别是西普塔赫 [约公元前1196年至约公元前1189年]，他的继任法老也是他的妻子塔沃斯特王后 [约公元前1189年至约公元前1186年]，和我们几乎不了解的塞特纳赫特 [约公元前1186年至约公元前1185年]。塞特纳赫特创建了第二十王朝 [约公元前1186年至约公元前1078年]，新王国时期于此结束，后帝国时代开始。

第二十王朝期间，古埃及共有9位法老，他们都叫拉美西斯，因此，第二十王朝也叫拉美西斯王朝。本时期内最著名的统治者是拉美西斯三世 [约公元前1185年至约公元前1153年]。拉美西斯三世是塞特纳赫特的儿子，在位30余年间，曾向所有觊觎富足的尼罗河河谷的古埃及邻国发起战争。在这些侵略者中，海上民族是最危险的一群人，他们的侵略行为被记载在了底比斯的哈布城神庙的外墙上。哈布城神庙是拉美西

---

①我们不知道阿蒙麦西斯究竟是不是一个有皇室血统的王子，也无法确定他是拉美西斯二世的孙子还是塞提二世反叛的儿子。

斯三世留下的伟大建筑，也是古埃及王朝时期最后几座大规模的神庙之一。其他几位法老（拉美西斯四世、五世、六世、七世、八世、九世、十世和十一世）在约公元前1153年至约公元前1078年间先后统治古埃及，他们再没有进行过军事远征，并且在他们统治期间，古埃及社会越来越不稳定，饥荒、暴动充斥着古埃及，社会结构也逐渐崩塌。古埃及法老的墓穴被盗，木乃伊被亵渎，国家无法恢复秩序。更糟糕的是，由于拉美西斯七世没有继承人，王位落到了自称拉美西斯八世的篡权者手中。新王朝在一片废墟中结束，古埃及的统治权落到了外国人的手中。

4. 古埃及王朝的地缘政治

从地理位置上讲，古埃及主要和三大地区有联系：西边的撒哈拉地区，东北部的西奈和中东，东部和南部的红海和努比亚。在古典时期，生活在这些地区的部分民族被古埃及人称为"九张弓"，即古埃及传统的敌人。

在上一章中我们看到，公元前几千年里，尼罗河河谷的移民大多来自今天的利比亚地区。移民们从干旱的柏柏尔－利比亚地区迁徙到富饶的尼罗河河谷，到了古埃及王朝时期，这种迁徙仍在继续。资料显示，公元前2000年起，尼罗河河谷的利比亚移民就在不断增加，以至于 1000 年之后，领导古埃及的是一个柏柏尔王朝。

再往西走，公元前 1000 年，迦太基人控制着现今的黎波里塔尼亚的部分海岸线，而在今昔兰尼加，来自希腊的移民建立了富足的城邦。从这一时期开始，利比亚就出现了分裂的迹象，这种迹象一直持续很长时间：西部地区由迦太基人控制，东部地区则由克里特的希腊人和尼罗河河谷的埃及人控制。

利比亚的柏柏尔人和古埃及

对古埃及人来说，撒哈拉的利比亚人可谓是一个首要威胁：他们在撒哈拉地区过着游牧生活，并且会定期骚扰尼罗河河谷。部分利比亚人和古埃及有贸易往来，会用家畜和香料交换粮食。

古埃及史料明确记载了利比亚的 4 个民族，分别是勒布、梅西维希、特赫努和特门胡。古埃及的绘画和雕塑描绘了他们的形象：鬓角有一只辫子，右肩上系着一件大衣。

由于撒哈拉地区气候恶化，公元前 2000 年，柏柏尔－利比亚人开始加速向尼罗河河谷迁徙。中王国时期，阿蒙涅姆赫特一世建立的第十二王朝的首要任务就是保护古埃及和尼罗河河谷不受撒哈拉民族的侵扰。

之后，在新王国的 500 年里，古埃及不得不面对来自利比亚的源源不断的威胁：由于水源干涸，牧场消失，利比亚人开始迁徙，试图侵入尼罗河河谷。

这些柏柏尔人被组织起来，组成了强大的军团，多次进攻古埃及，这种情况在塞提一世和拉美西斯二世统治期间尤甚。拉美西斯二世甚至不得不在尼罗河三角洲西部，沿着地中海建立了一排防御工事，以抵御来自最北部的进攻。为了抵御柏柏尔人的入侵，拉美西斯二世和昔兰尼加地区的部落结盟，并将昔兰尼加部落的部分成员纳入了古埃及军队。

在拉美西斯二世的继任者麦伦普塔赫的统治时期，由于东撒哈拉地区越来越干旱，利比亚人开始入侵尼罗河河谷。他们的进攻路线非常明确：在占领了哈里杰绿洲和法拉弗拉绿洲后，柏柏尔人朝着尼罗河河谷的方向进军，同时威胁着尼罗河三角洲和孟斐斯地区。不过，古埃及军队成功抵抗住了柏柏尔人的侵略，并把他们赶出了古埃及。

第二十王朝时期，在拉美西斯三世、拉美西斯六世 [约公元前 1143 年至约公元前 1136 年]、拉美西斯九世 [约公元前 1126 年至约公元前 1108 年] 和拉美西斯十一世 [约公元前 1105 年至约公元前 1078 年] 统治期间，利比亚人冲破了古埃及的防御，部分利比亚人成功地在尼罗河流域的几个地区定居下来。

在拉美西斯三世统治期间，勒布族和梅西维希族在卡佩的儿子梅舍尔的领导下联合起来，重新开始向尼罗河进军。公元前1177年，古埃及又遭受到了来自北方的海上民族的威胁。在勒布人戴德的儿子梅吉耶夫的领导下，利比亚人很可能是与海上民族结盟或是借海上民族侵犯古埃及的时机，入侵古埃及。

古埃及和努比亚

古埃及向努比亚地区的扩张持续了2000年。因此，古埃及和努比亚地区进行往来也是很正常的事情，但这并不能说明古埃及属于撒哈拉沙漠以南的非洲。

为了将把古埃及和努比亚分隔开的"种族屏障"实体化，古埃及在第二瀑布建立了一个屏障。因此，辛努塞尔特三世3次向南方发起军事行动，以击退频繁侵扰古埃及边境的努比亚人。辛努塞尔特三世还在阿克苏特和塞姆纳间建造了新的防御工事，以便直接控制第二瀑布上游地区。辛努塞尔特三世将古埃及的南部边境再度向南方推进，直到塞姆纳和库玛地区。

在辛努塞尔特三世统治古埃及的第8年，他在塞姆纳建造了一座石碑，并在上面刻上了这段话：

"不论是陆路还是水路，不论是库施人还是他们的兽群，谁都无法突破古埃及的边境……除非他们身负使命，或者是来伊肯经商的。"

辛努塞尔特三世的继任者延续了这项政策，谨防努比亚人进入古埃及。中王国末期，古埃及王权衰落瓦解，第二中间期开始，努比亚人又开始向北推进。

此时，喜克索斯人控制了三角洲地区和下埃及，上埃及地区则分裂成了好几个城邦，无法再保卫第二瀑布地区的堡垒。

之后，在第十八王朝，古埃及恢复了对南方的控制，努比亚成为古埃及的殖民地。在图特摩斯三世和哈舍普苏特的共治下，古埃及的南部边境可以达到第四瀑布，努比亚则成为古埃及真正的一块属地。

第三中间期时，形势又出现了反转：古埃及中央政权再次削弱，努比亚开始复仇，终于在第二十五王朝（又称"努比亚王朝"或"库施王朝"）时期控制了古埃及。

古埃及和努比亚之间一直存在联系，这两个地区里住着两个不同的民族，古埃及艺术作品对这两个民族都有记录。但是，这并不能说明古埃及的人口基础是黑人。不过，古埃及人所属的种族竟然能在上千年间存活下来确实令人震惊。法尤姆的绘画就很好地证明了这一点。

对古埃及人来说，努比亚是"可恶的库施国"，库施出了名的野蛮，古埃及屡屡遭到他们的入侵，但这一术语并没有明确指出努比亚的地理位置。"库施"指的是阿布·辛拜勒以南、第一瀑布和第二瀑布以南地区①。

像古埃及一样,努比亚也位于东沙漠和撒哈拉之间的山谷。但和古埃及不同的是,努比亚宽阔的地势有利于人类的生产活动,尤其是畜牧业的发展。

努比亚可以分为两个次区域:

一是下努比亚,位于第一瀑布和第二瀑布之间,受古埃及的影响程度很高,也被称为瓦瓦特。

二是上努比亚,简称为努比亚,位于第二瀑布到第六瀑布白尼罗河和青尼罗河汇合处之间。古埃及人把上努比亚地区称为库施国。

古埃及向努比亚的扩张一直持续。起初,古埃及只是通过商贸往来和文化影响努比亚,后来,随着古埃及国力的提升,和平扩张逐渐转变成武力征服。

古王国时期,第六王朝的法老控制了整个阿斯旺上游地区,也就是整个第一瀑布上游的地区。古埃及统治者进行的远征也

---

①希腊人和罗马人将努比亚称作 Aithiops 或 Éthiopie,字面意思是"脸被烧毁的国家"。这个词指的是当地居民的皮肤颜色,并没有把努比亚(今苏丹)和埃塞俄比亚本土做出区分。因此,古埃及第二十五王朝的努比亚统治者在埃及被称为"埃塞俄比亚人",这是以希腊-罗马的语言为标准的,而不是以地理定义为标准,因为这个王朝的统治者是努比亚人,而不是现代意义上的埃塞俄比亚人。

让他们认识了埃及以南的地区。

中王国时期，努比亚开始大量生产黄金，因此，古埃及对努比亚更感兴趣了。第十二王朝的法老延续了扩张政策，并将其作为重中之重。辛努塞尔特一世统治时期是古埃及中王国的极盛时期，他采取了扩张的对外政策，试图控制第二瀑布地区和整个瓦瓦特，并在瓦瓦特建立了防御工事网。

辛努塞尔特三世再次将古埃及的南部边境向南推进到了塞姆纳和库玛地区。

在第二中间期，喜克索斯人控制了尼罗河三角洲和下埃及。上埃及分裂成好几个城邦，无法保卫在第二瀑布区建立的防御工事。与此同时，在约公元前1750年至约公元前1500年，库施王国进入鼎盛时期。努比亚的军队向河谷北部推进，到达阿斯旺地区。第二中间期末，古埃及的南部边境又退回到第一瀑布。

新王国第十八王朝时期，古埃及再次进军努比亚，而在此之前，努比亚已经很大程度上埃及化了。这场军事行动始于第十八王朝的首位统治者雅赫摩斯一世，分为好几个阶段进行。古埃及领土再次扩张到了第二瀑布，这条横亘在努比亚和古埃及之间的地理分界线，也是历史上曾经隔开这两个王国的分界线。古埃及的扩张造成了库施王国的衰弱和库施文明的终结。阿蒙霍特普一世大规模入侵努比亚，占领了瓦瓦特，将古埃及的边境一直推到了第四瀑布。从此，古埃及通过大十字商队和非洲热带雨林深处地区建立了联系。

接着，图特摩斯一世占领并摧毁了库施。随后，他向南进军，到达第四瀑布上游，在那帕塔附近建立了一个军事基地。回程时，图特摩斯一世把库施国王倒吊在他的船头。库施成了古埃及的属地。

然而，这次军事行动并没有摧毁努比亚人抵抗的意志，图特摩斯二世统治期间，瓦瓦特兴起了强烈的反埃及浪潮。虽然这次暴动被武力镇压了，但是，直到图特摩斯三世和哈舍普苏特共治时期，努比亚才重归和平。古埃及将边界扩展到第四瀑布，努比亚成为古埃及的附属国。

第十九王朝统治期间，出于古埃及统治者，尤其是拉美西斯二世对努比亚浓厚的兴趣，努比亚仍然是古埃及的附属国。拉美西斯二世在努比亚开展了很多大型工程，在那里建造了许多雄伟的神庙，其中就有阿布·辛拜勒神庙。

第三中间期时，情况出现了新的反转：古埃及中央权力再次衰弱，努比亚开始反击。第二十五王朝就是一个努比亚王朝。

古埃及和红海

古埃及和外界接触的第三个区域就是红海，古埃及的船只需要经红海前往蓬特。有关资料清楚地显示，要到达蓬特必须经过红海。然而，没有证据证明古埃及海上航行从未到达瓜达富伊角以南。

诚然，蓬特位于非洲而不是阿拉伯半岛，蓬特的动物群落（狒狒和长颈鹿）和植物群落（底比斯叉茎棕）都能证明这一点。而且，蓬特位于今厄立特里亚海岸线，这一点并没有给古埃及人走陆路（更麻烦）或者走海路（更容易）去蓬特带来其他问题。

古埃及的船只十分多样，除了专门在尼罗河上航行的船只以外，还有可以在公海上航行的船只。所有的船都是木质的，草船则专门用来在沼泽或是牛轭湖上航行。古埃及木船可以在红海和地中海航行。公元前2000年起，在红海上航行的船只的船桨被真正的舵替代。一体式桅杆变得更短、更稳定，帆变得更低但更宽，使船更容易操纵。

古王国时期，在第六王朝的法老佩皮一世、奈姆蒂姆萨夫一世和佩皮二世的统治下，古埃及进行了多次远征，从蓬特带回了皮革、象牙、黄金、乌木和香料，甚至带回了一个侏儒。乳香是当时最受欢迎的产品，这是一种凝固的白色树脂，通过刮卡特里乳香树①的树皮制成。虽然这些远征都只是偶尔进行的，但在古王国，一个来自阿斯旺的人还是在他的墓碑上写道："我与我的老师，特提神和胡里神的王子和封臣一起去了比布鲁斯和蓬特，我 11 次访问了这些国家。"

第二中间期时，古埃及停止了远征行动。

新王国时期，哈舍普苏特王后重新通过海路和蓬特建立了联系，并且再度向蓬特发起远征。位于帝王谷的戴尔·埃尔·巴哈里神庙的墙上刻着这些远征的细节，这些都是远征的珍贵资料：檐壁上刻着海鱼而不是尼罗河河鱼，船只停靠在岸边，村庄里的吊脚楼被底比斯叉茎棕遮盖着。蓬特的居民并不是古埃及人通常描述的黑人。就像今天的索马里人一样，他们身材纤细，有的还长着山羊胡子。船只上装载的货物清晰可辨：生象牙、家畜、豹皮、木材、鸵鸟蛋和鸵鸟毛、一只长颈鹿，也许还有猎豹，当然还有要移植到古埃及的乳香树。

整个新王国时期，古埃及人都对蓬特保持着浓厚的兴趣。

---

① 乳香树生长在索马里和也门。乳香树是一种小型灌木，即香脂树，切开乳香树树干可以收集到树液，树液会凝固成淡黄色小球。历史上，乳香是由来自阿拉伯哈德拉毛特的萨巴水手提供给埃及人的，他们在 11 月或 12 月借西南季风驶入红海。在到达埃及之前，这种珍贵的商品经过了许多中间商，这增加了它的价格，使得埃及人想直接从非洲的生产地区购买乳香。没药也受到埃及人的热烈追捧。没药是由一种灌木自然渗出的，可以药用，或用于制作香水和尸体防腐。

[第三章]
从古埃及王朝衰落到亚历山大大帝征服埃及

[约公元前 1078 年至约公元前 323 年]

第三中间期 [约公元前 1078 年至约公元前 664 年] 是一段衰落、退步和崩溃的时期。第三中间期开始于斯门代斯于约公元前 1078 年建立的第二十一王朝 [约公元前 1078 年至约公元前 950 年]。拉美西斯十一世去世后，斯门代斯即位，定都尼罗河三角洲的塔尼斯，第二十一王朝的 7 位法老也因此得名"塔尼斯法老"。

法老们试图重建统一的埃及，但为了实现这个目标，他们需要削减阿蒙大祭司的权力：当时这些祭司几乎独立于法老而存在，不受法老控制。由于法老无法武力征服阿蒙大祭司，他们选择将自己的女儿送给祭司联姻，但这远远不够。随着柏柏尔王朝、努比亚王朝、亚述王朝和波斯王朝等外国王朝开始统治埃及，古埃及逐步走向分裂了。

古埃及朝代年表（第三中间期至后埃及时期）

约公元前1078年至约公元前664年的埃及：第三中间期

第二十一王朝：塔尼斯王朝［约公元前1078年至约公元前950年］

第二十二王朝：柏柏尔王朝［约公元前950年至约公元前715年］

第二十三王朝：柏柏尔王朝［约公元前818年至约公元前715年］

第二十四王朝：第一舍易斯王朝［约公元前730年至约公元前715年］

第二十五王朝：努比亚王朝［约公元前715年至约公元前663年］

约公元前663年至约公元前332年的埃及：后埃及

第二十六王朝：第二舍易斯王朝［约公元前663年至约公元前525年］

第二十七王朝：第一波斯王朝［约公元前525年至约公元前404年］

第二十八王朝：第三舍易斯王朝［约公元前404年至约公元前398年］

第二十九王朝：门德斯王朝［约公元前398年至约公元前378年］

第三十王朝：塞本尼托斯王朝［约公元前378年至约公元前341年］

第三十一王朝：第二波斯王朝［约公元前341年至约公元前333年］

1.利比亚统治下的埃及 [约公元前950年至约公元前715年]①

利比亚以两种方式向埃及边境推进。一方面，一部分利比亚人成功地移民到了尼罗河河谷地区，其中，很多人在尼罗河三角洲定居，利比亚人甚至成为这里居民的主要组成部分。从政治上讲，他们的角色在这一时期起到了决定性的作用。另一方面，由于利比亚人不断加入埃及军队，他们最终形成了一个军事团体，夺取了埃及政权，在埃及建立了三个王朝。

约公元前950年至约公元前715年，利比亚的柏柏尔人建立了第二十二、第二十三和第二十四王朝，开始统治埃及。这三个王朝在时间上相互重叠，并且从没有统治过完整的埃及领土。这三个王朝相继掌权证明，埃及和它的邻国利比亚间的联系从未中断，尽管这些联系有时是和平交往，有时是军事冲突。

第二十二王朝的起源可以追溯到内马尔特，他也被称为老舍顺克，是梅什韦什人②的首领，统治尼罗河三角洲的布巴斯

①关于埃及的利比亚时期，可以参考2007年在莱德举行的主题为"埃及的利比亚时期"的研讨会的会议刊。

②也称玛兹塞斯。这实际上是柏柏尔人给自己的名字 Imazighen（单数 Amazigh）。这个名字被各国人抄写成各种形式：埃及人叫梅什韦什（Meshwesh），希腊人叫玛兹耶斯（Mazyes 或 Maxyes），拉丁人叫玛兹塞斯（Mazices）或玛迪塞斯（Madices）。14世纪，伟大的历史学家伊本·哈勒敦解释说，柏柏尔人的一个分支，即布兰尼人，是玛兹格（Mazigh）的后代。古非洲的一些居民已经将一些名为玛兹格或玛迪格（Madigh）的祖先放在他们家谱的首位，这并不奇怪，因为他们总是给自己起这个名字。

提斯。舍顺克一世①[约公元前950年至约公元前924年]是内马尔特的儿子，是第二十二王朝真正的建立者。他代替了第二十一王朝的最后一位法老普苏森尼斯二世，迎娶了普苏森尼斯二世的女儿玛阿特卡勒公主，建立了第一个柏柏尔王朝。

第二十二王朝共有10位法老，他们都信奉阿蒙神，也都赞成神明崇拜②。公元前929年，舍顺克一世占领耶路撒冷，将抢走所罗门国王的宝藏带回埃及，并将此次战胜犹大王国和以色列王国的事迹记载在卡纳克神庙中。尽管舍顺克一世拥有这样的实力，柏柏尔的统治者们还是始终无法统一埃及；他们自己在尼罗河三角洲地区的封地也在几位法老逝世后按照分封领土的惯例被瓜分了。

舍顺克一世的继任法老是他的儿子奥索尔孔一世[公元前924年至公元前889年]。奥索尔孔一世统治埃及的时间很长，在任期间建造了许多神庙。他的儿子舍顺克二世在位时间只有几个月，舍顺克二世的儿子塔克洛特一世[公元前889年至公元前874年]随后即位。塔克洛特一世之后，他的儿子奥索尔孔二世[公元前874年至公元前850年]即位，在位期间，奥索尔孔二世曾和他被任命为阿蒙大祭司的兄弟（也可能是表兄

---

①也译作"舍尚克"，即《圣经》中提到的舍尚克。
②在这个朝代，底比斯有一座猫女神巴斯特神庙。猫女神巴斯特与狮子女神塞赫美特都是太阳神的女儿。

弟）起过纷争。

公元前850年，奥索尔孔二世的儿子塔克洛特二世 [公元前850年至公元前825年] 即位。塔克洛特二世之后，其子舍顺克三世 [公元前825年至公元前773年] 继位。舍顺克三世在位期间和他的一位表亲展开内战，埃及进入了长达15年的混乱期。

之后，帕米 [公元前773年至公元前767年] 即位，在他之后，舍顺克五世 [公元前767年至公元前730年] 开始了他长达37年的统治，但是，舍顺克的统治范围仅仅限于尼罗河三角洲地区。舍顺克五世的儿子奥索尔孔四世 [公元前730年至公元前715年] 是第二十二王朝的最后一位法老，他的统治范围仅限于塔尼斯和布巴斯提斯。

舍顺克三世统治的第8年，也就是公元前818年，梅什韦什部落的另一位成员帕杜巴斯特一世 [公元前818年至公元前793年] 创立了第二十三王朝，定都三角洲莱翁特坡里斯。第二十三王朝共有8位法老①。

---

① 8位法老分别是帕杜巴斯特一世 [公元前818年至公元前793年]，尤普特一世 [公元前804年至公元前803年]，舍顺克四世 [公元前793年至公元前787年]，奥索尔孔三世 [公元前787年至公元前759年]，塔克洛特一世 [公元前764年至公元前757年]，鲁达蒙 [公元前757年至公元前754年]，尤普特二世 [公元前754年至公元前715年] 和舍顺克六世 [公元前715年]。

还是在舍顺克三世统治期间，另一个柏柏尔部落勒布在三角洲西部定居了。几十年后，该部落的特弗纳赫特建立了第二十四王朝，也就是第一舍易斯王朝。公元前728年，特弗纳赫特将三角洲所有的柏柏尔公国纳入统治范围，之后与占领底比斯的努比亚人开战了。战败后，他接受了努比亚人提出的条件，开始撤退。特弗纳赫特之后，他的儿子波克霍利斯即位。公元前715年，在沙巴塔卡[约公元前702年至约公元前690年]的领导下，努比亚人进攻布巴斯提斯，波克霍利斯战败[①]。埃及因此落到了努比亚人的控制中。

2. 努比亚和亚述统治下的埃及 [约公元前730年至约公元前663年]

由于部分阿蒙祭司和利比亚王朝的柏柏尔法老的对立关系，这些祭司逃离底比斯，到达了努比亚的那帕塔王国，为当地已经很大程度上埃及化、自称法老并信奉阿蒙神的统治者效力。

库施国王阿拉拉[公元前785年至公元前760年]统治之前的一段时间内，那帕塔王国的史料记载并不完整。阿拉拉之

---

①他可能是被活活烧死的，但没有证据证明这一点。

后，卡施塔 [公元前 760 年至公元前 747 年] 即位。约公元前
730 年，卡施塔强迫奥索尔孔四世的女儿、阿蒙神的圣女领养
了自己的女儿，并由此直接干预埃及的事务。卡施塔的儿子皮
耶当时已经统治了底比斯，又攻下了孟斐斯，创立了第二十五
王朝，也称努比亚王朝。努比亚王朝时期共有四五位法老，统
治范围从地中海延伸到第六瀑布。

塔哈尔卡 [约公元前 690 年至约公元前 663 年] 统治期间，
亚述人曾 3 次入侵埃及（分别在公元前 669 年、公元前 666 年
和公元前 663 年）。亚述国王阿萨尔哈东领导了第一次进攻，
并于公元前 675 年攻占了孟斐斯。塔哈尔卡不得不放弃了他在
三角洲地区的塔尼斯的住所。阿萨尔哈东去世后，他的儿子亚
述巴尼拔 [约公元前 668 年至约公元前 627 年]①继位，亚述巴
尼拔的弟弟则在某种意义上成为巴比伦的总督。

亚述巴尼拔统治期间，亚述王国的实力达到了顶峰，并不
断向外部扩张，势力范围从伊朗的苏萨延伸到地中海，从亚美
尼亚延伸到波斯湾。亚述巴尼拔两度进军才占领了埃及，完成
了他父亲在世时未完成的事业。公元前 664 年，亚述巴尼拔的
军队占领了整个三角洲。塔哈尔卡被迫逃到了底比斯，在那里
发起反攻，成功夺回了孟斐斯。然而，塔哈尔卡夺回孟斐斯后

---

①希腊人称他为撒尔达那帕勒。

不久，在公元前 663 年，埃及就再度遭到亚述的侵略。孟斐斯和底比斯先后沦陷，塔哈尔卡退回努比亚，并将王位让给了他的侄子坦沃塔玛尼 [约公元前 663 年至约公元前 656 年]。

公元前 663 年起，埃及不再由努比亚统治，一个埃及的王朝——第二十六王朝建立，后埃及时期开始。

3. 从"舍易斯文艺复兴"到亚历山大大帝征服埃及 [公元前 663 年至公元前 323 年]

从公元前 663 年到公元前 525 年近 140 年的时间里，埃及的部分领土是由第二十六王朝统治的。第二十六王朝的建立者是普萨美提克一世 [公元前 663 年至公元前 609 年]，他是第二十四王朝特弗纳赫特的后代，因此本身就带有柏柏尔人的血统。普萨美提克一世定都三角洲的舍易斯，因此，第二十六王朝又叫舍易斯王朝[①]。普萨美提克一世最初受到亚述人的保护，但之后反将矛头转向亚述人，将埃及从亚述人的统治中解放了出来。

正是从第二十六王朝起，埃及开始希腊化，埃及的文化、建筑、军事都受到了希腊的影响，希腊雇佣兵成为埃及的支柱。

---

①舍易斯是下埃及第五诺姆的首府，是埃及第二十四王朝和第二十八王朝的首都。

重归统一的埃及再次在地区上发挥影响力。埃及的文化也再次发展起来，各类新建筑拔地而起，传统的古典艺术也重回大众视野。我们把这一时期称为"舍易斯文艺复兴"。

普萨美提克一世的继任法老是他的儿子尼科二世 [公元前609年至公元前594年]。亚述国力衰落之时，尼科二世借机占领了巴勒斯坦，此时的亚述正同时与新巴比伦和米底王国作战。公元前605年，卡尔凯美什战役时期，新巴比伦的尼布甲尼撒①带领他父亲那波帕拉萨尔 [公元前625年至公元前605年] 的军队粉碎了敌军的扩张。除巴勒斯坦南部的加沙地带以外，埃及人放弃了进攻。

尼科二世后，普萨美提克二世 [公元前594年至公元前588年] 继位，将视野转向南部，决定攻打努比亚。公元前591年，一支由大量希腊雇佣兵组成的埃及军队摧毁了阿斯佩尔塔统治下的那帕塔。在这场战役失败之后，努比亚人放弃了那帕塔，迁都麦罗埃，以免遭埃及入侵。普萨美提克二世的儿子阿普里斯 [公元前588年至公元前568年] 在位期间无法抵抗波斯人的入侵，被柏柏尔首领雅赫摩斯刺杀，雅赫摩斯随后登上王位。

---

①公元前604年，尼布甲尼撒掌权统治新巴比伦，史称尼布甲尼撒二世 [公元前604年至公元前562年]。

埃及人对昔兰尼加地区希腊殖民地的扩张感到担忧。同时，公元前570年前后，第二十六王朝时期，阿普里斯向该地区发起远征。但是，伊拉沙战役时，在绿山东部，阿普里斯遭到昔兰尼国王巴图斯二世 [公元前583年至公元前565年] 的袭击①。几年之后（具体日期不详），阿尔克西拉乌斯二世 [公元前565年至公元前555年] 统治期间，昔兰尼人又输给了埃及。

公元前525年，波斯国王冈比西斯征服了埃及，昔兰尼人陷入了困境，昔兰尼人承认了波斯的权威后，似乎才得以摆脱。尽管巴图斯四世 [约公元前515年至约公元前470年] 的权力受到了质疑，波斯人仍支持他，并将他作为与昔兰尼加其他希腊城邦以及柏柏尔部落的联络人。昔兰尼由此成为波斯帝国向西扩张的一部分。

公元前525年，普萨美提克三世继承了他的父亲雅赫摩斯的王位。冈比西斯，也就是未来的波斯国王冈比西斯二世 [公元前530年至公元前522年] 继承了居鲁士二世的王位后，征

①巴图斯一世建立了巴图斯王朝，巴图斯王朝于公元前630年至公元前440年间统治昔兰尼。巴图斯王朝的历代统治者交替使用两个名字，即巴图斯和阿尔克西拉乌斯。该王朝期间，共有4位巴图斯和4位阿尔克西拉乌斯。

服了位于贝鲁西亚（今塞得港）的埃及军队和希腊军队，又拿下了三角洲地区。冈比西斯二世征服埃及后，普萨美提克三世自杀，冈比西斯二世自封为埃及法老。

由此，第一波斯王朝开始了，此时埃及成为波斯帝国的一个行省。在第二十七王朝，又称第一波斯王朝时期，埃及是由波斯国王统治的。

公元前 522 年，冈比西斯二世逝世，他的继任者大流士一世重新统一了埃及、下努比亚和利比亚，将它们合并为波斯第六行省。

波斯王朝的第 4 位国王阿尔塔薛西斯一世 [公元前 465 年至公元前 424 年] 统治期间，公元前 460 年，昔兰尼加地区的柏柏尔首领伊拉罗斯击败了波斯军队，波斯军队的首领阿契美尼斯，也就是阿尔塔薛西斯一世的儿子被杀了，他的头颅被献给了伊拉罗斯。波斯人退回孟斐斯，伊拉罗斯则在公元前 459 年称王了。

公元前 456 年，又一支波斯军队入侵埃及。古希腊人、柏柏尔人和埃及人都被波斯打败了，公元前 454 年，伊拉罗斯沦为阶下囚，被发配苏萨，并被钉在了十字架上，也可能是被尖桩处死了。

公元前 404 年，大流士二世去世后，波斯王国分裂了，居鲁士二世和阿尔塔薛西斯二世之间爆发了内战。在三角洲地区，由于波斯王国势力减弱，舍易斯地区的首领阿米尔塔尼乌斯开始掌权。公元前404年，他自立法老，建立了第二十八王朝。阿米尔塔尼乌斯是第二十八王朝唯一的统治者，公元前398年，阿米尔塔尼乌斯逝世。

之后，尼菲利提斯一世 [公元前398年至公元前393年] 继位，创建了第二十九王朝，也称门德斯王朝，王朝得名于三角洲地区的一座城市。在斯巴达的帮助下，埃及完全摆脱了波斯的统治。

内克塔内布一世 [公元前378年至公元前360年] 建立了第三十王朝，又因定都塞本尼托斯，也称塞本尼托斯王朝。第三十王朝共有3位法老。公元前373年，内克塔内布一世成功地击退了准备进攻孟斐斯的一支波斯军队。

内克塔内布一世的儿子塔科斯 [公元前360年至公元前359年] 重建了埃及军队，并和波斯人开战了。刚开始，埃及方面捷报频传，甚至打到了腓尼基。但在公元前359年，当时的摄政王、塔科斯的兄弟查赫皮穆利用塔科斯不在的时期，宣布内克塔内布一世的孙子为法老内克塔内布二世。内克塔内布二世也是这段"纯粹的"埃及统治时期的最后一位法老。

公元前351年，内克塔内布二世成功阻止了波斯人的入侵。在公元前348年，阿尔塔薛西斯三世 [公元前358年至公元前338年] 决定征服埃及。一番徒劳的抵抗过后，内克塔内布二世逃到了上埃及，在那里一直抵抗到公元前341年或公元前340年。阿尔塔薛西斯三世成功地征服了整个埃及，埃及沦落到波斯人的统治之中。阿尔塔薛西斯三世建立了第三十一王朝，又称第二波斯王朝。第三十一王朝共有3位法老——阿尔塔薛西斯三世、阿赫西斯和大流士三世。埃及再次成为波斯的一个行省。

公元前334年或公元前333年，亚历山大大帝击败了波斯国王大流士三世，埃及人为亚历山大大帝的胜利而欢欣鼓舞。公元前333年或公元前332年，这位年轻的马其顿将军抵达尼罗河畔时，埃及人视他为解放者，对他表示了热烈欢迎。

[第四章]
从托勒密一世到阿拉伯征服埃及前夕

[公元前 305 年至公元 642 年]

亚历山大将埃及从波斯的统治中解放出来后，在托勒密王朝的统治下①，埃及经历了一次真正的复兴。在利比亚，古希腊的殖民地（其中就有著名的昔兰尼）拥有强大的地区影响力。

公元前 305 年至公元前 30 年的埃及：托勒密王朝时期

公元前 30 年：罗马时期、罗马－拜占庭时期相继开始

629 年：拜占庭再次征服埃及

1. 托勒密王朝时期的埃及 [公元前 305 年至公元前 30 年]

马其顿征服埃及时，埃及正处于权力更迭的动荡时期，此

---

①托勒密是拉古斯的儿子，因此被称为拉吉德。拉古斯是亚历山大大帝的一位将军。

时波斯两度控制埃及。之后，公元前323年，亚历山大大帝突然去世之后，亚历山大的部将、拉古斯的儿子托勒密于公元前305年执掌埃及政权，建立了一个希腊化的王朝。公元前30年，克利奥帕特拉七世自杀，托勒密王朝宣告结束。

托勒密王朝统治时期，埃及不再是完全由埃及文化主导的了。马其顿帝国的希腊人在这里定居，并将埃及的首都从孟斐斯迁到了亚历山大港，从此，埃及不再是以尼罗河为中心，而是转向北部，面向地中海和希腊。

托勒密时期共有16位统治者，第一位就是托勒密一世 [救主，公元前305年至公元前282年]，公元前323年至公元前305年，他曾是波斯帝国埃及省的总督，是亚历山大大帝的一位得力干将。公元前305年至公元前282年，托勒密在埃及称王。他娶了埃及摄政王安提帕特的女儿欧律狄刻，他对埃及和昔兰尼加的统治权也得到了承认。公元前319年安提帕特去世后，亚历山大的继业者们之间爆发了战争①，托勒密借此机会吞并了巴勒斯坦②，之后，公元前305年，托勒密成为埃及国王。在托勒密的统治下，埃及的国力甚至可以与新王国时期的国力

---

①公元前281年，在色雷斯国王利西马科斯和叙利亚国王塞琉古之间的库鲁佩迪安战役后，亚历山大的将军们之间的继承战争，即继业战争结束。此前，公元前321年，继业者们根据《巴比伦协议》分割了帝国。
②托勒密还吞并了塞浦路斯、爱琴海的岛屿、小亚细亚的城市等。

齐平。之后，托勒密占领了塞浦路斯、巴勒斯坦和小亚细亚。

托勒密统治时期，埃及法老的君主制统治原则并没有中断，因为托勒密的国王也都在供奉埃及诸神，他们也因此被埃及人和阿蒙祭司接受。更何况，托勒密一世还填补了祭司的空缺，使许多庙宇得到了恢复，并建造了其他的庙宇。

托勒密一世的小儿子继承了他的王位，称托勒密二世"爱手足者"①[公元前 282 年（公元前 285 年父子二人共同执政）至公元前 246 年]。在他的统治下，埃及得到了显著的发展，埃及首都亚历山大②的美化就证明了这一点：托勒密二世在那里建造了著名的灯塔和图书馆。托勒密二世需要黄金来开展这些工程，因此，古瓦瓦特国境内努比亚沙漠里已经废弃了几个世纪的矿区得到了再次开采。

得益于托勒密王国对红海沿线部分海岸线的控制，托勒密王国成功控制了亚洲－地中海的贸易。托勒密二世扩建了许多港口，又建造了很多新港口。正是在这一时期，古米欧斯霍尔莫斯（今库赛尔港）和绍特里亚利门（今苏丹港）开始通航。绍特里亚利门连接海路和沙漠商队通往麦罗埃的路，因此绍特里亚利门以其特殊的地理位置成为一个极其重要的

---

①托勒密二世娶了他的妹妹阿尔西诺伊，确实称得上"爱手足者"。
②即埃及附近的亚历山大港，现今其整个行政区域和官殿都已坍塌入海。

地点。绍特里亚利门以南 160 千米，在拜尔盖河口，建立了托勒密狩猎场，以收集野生象牙，或者训练在更南边的阿特巴拉河谷捕获的大象。

在托勒密二世的继任法老托勒密三世"施惠者"[公元前246 年至公元前 221 年]的统治下，新建的阿杜利斯港（今马萨瓦）代替了之前水手们为前往红海而经常访问的抛锚处。阿克苏姆王国的外港阿杜利斯港成为和印度进行商贸往来的主要港口，在阿拉伯－伊斯兰征服埃及之前大量赢利。

希腊人在埃及与印度的贸易往来中起到了重要的推动作用。基齐库斯的欧多克索斯可能是第一个从非洲索马里半岛航行到印度次大陆的欧洲人。

从这时起，海上航线不断发展，以至于在 2 世纪，一位匿名的希腊旅行者、精明的零售商人，写了一本关于红海、阿拉伯南部和印度西海岸的停泊点和港口、人口、货物和汇率的指南，即《爱利脱利亚海周航记》。这本书是详细认识当时贸易组织的一份特别资料。埃及与印度进行贸易往来时要在红海南部进行转运，而只有也门的船只才能经红海南部跨越印度洋。南阿拉伯地区的影响体现在两方面：一是也门人强行参与到了地中海和印度之间的贸易中，二是他们垄断了沿东非海岸线最远到桑给巴尔，甚至索法拉的航行。

托勒密三世是托勒密王朝的最后一位拥有强大权力的法老。在他之后，托勒密王朝的 13 位国王和王后相继即位，但他们的权力日渐衰微，没落于阴谋和家族争斗之中①。

托勒密十二世"吹笛者"[公元前 80 年至公元前 51 年] 统治期间，托勒密王朝逐步走向灭亡，埃及不再是一个独立的国家。托勒密十二世被一场民众暴动赶出了亚历山大港，逃到罗得岛避难，后在庞培的支持下重新掌权。

2. 罗马统治下的埃及

公元前 51 年，托勒密十二世去世，将王国留给了他年仅 10 岁的长子托勒密十三世和他的女儿、托勒密十三世的姐姐以及妻子克利奥帕特拉七世②——"笃爱父亲的女神"。两人都

---

①托勒密三世的继任者是托勒密四世"爱父者"[公元前 221 年至公元前 205 年]，但他杀了他的叔叔、母亲和兄弟。托勒密五世"神显者"[公元前 205 年至公元前 181 年]。托勒密六世"笃爱母亲者"[公元前 181 年至公元前 145 年]；托勒密七世在位只有几个月。托勒密八世"施惠者二世"[公元前 145 年至公元前 116 年]，他是托勒密七世的兄弟，娶了兄弟的遗孀，也就是自己的妹妹，他的这位妻子杀了他的儿子，也就是妻子的侄子尤帕托，因为他强奸了托勒密八世妻子的女儿。至于托勒密九世"救主二世"[公元前 116 年至公元前 80 年（中间时有缺位）]、托勒密十世"亚历山大一世"[公元前 107 年至公元前 88 年] 和托勒密十一世"亚历山大二世"[? 至公元前 80 年]，他们的统治就不那么重要了。
②公元前 51 年至公元前 30 年，克利奥帕特拉七世统治了埃及。她先后嫁给了她的两个兄弟兼丈夫托勒密十三世和托勒密十四世，之后又嫁给了马克•安东尼。

被迫卷入恺撒和庞培之间的罗马内战。公元前48年，克利奥帕特拉七世被托勒密十三世赶出了亚历山大港。

同年，恺撒打败了庞培，庞培逃到埃及后，托勒密十三世下令将其暗杀，并在恺撒到达亚历山大时，派一个奴隶将庞培的头颅献给了他。克利奥帕特拉七世将自己献给了恺撒，后者则将埃及王位授予了她，将她当作情妇[①]，并将她带到罗马生活。恺撒去世后，罗马帝国东部地区的统领马克·安东尼又拜倒在了克利奥帕特拉七世的石榴裙之下，罗马和埃及再一次联系起来了。但是，恺撒的甥孙屋大维，也就是未来的奥古斯都大帝向安东尼宣战了。公元前31年，屋大维在阿克提姆海战中打败了安东尼。公元前30年，屋大维前往埃及，而安东尼在埃及自杀了。

屋大维向克利奥帕特拉七世承诺，保留她的王位，并承认她和恺撒的儿子恺撒里昂为王位的继承人。几天后，托勒密王朝的最后一位国王托勒密十五世——恺撒里昂被暗杀。克利奥

---

①克利奥帕特拉七世与恺撒所生的儿子恺撒里昂，是托勒密王朝的最后一个国王，公元前47年出生，公元前30年被谋杀。克利奥帕特拉七世与马克·安东尼所生的双胞胎是亚历山大·赫利俄斯和克利奥帕特拉·塞莱娜，塞莱娜嫁给了统治毛里塔尼亚的努米底亚王国的柏柏尔国王朱巴。克利奥帕特拉七世育有儿子托勒密十六世——费拉德福斯。公元前44年，恺撒被暗杀后，克利奥帕特拉七世回到了埃及生活。

帕特拉七世认为，是屋大维害死了恺撒里昂，因此自杀了①。

克利奥帕特拉七世死后，埃及的统治权交到了罗马人手中。14年，奥古斯都的养子提贝里乌斯执掌埃及，称克劳狄一世。

起初，罗马是将埃及视作被征服的国度来统治的。罗马大帝直接任命管理亚历山大和埃及的长官，这位长官只听命于罗马大帝，后来，这个官职改名为埃及总督。这个官职极其重要，地位仅次于禁卫军统领。

对罗马来说，埃及是一座粮仓，埃及的粮食收成会以土地税的名义运往罗马②。因此，长官们必须维持埃及的稳定秩序，使埃及免受撒哈拉的柏柏尔人和努比亚人的入侵，避免罗马帝国陷入无用的战争之中。在北非，罗马帝国只希望控制"有用"的地区，而这也解释了他们的防御性政策和帝国对建立罗马帝国长城的忧虑。在埃及，这项政策就体现为赡养军官③和雇佣

①由于克利奥帕特拉七世当时受到了监视，她让亲信给她送来了一篮子无花果，并在里面藏了一条沙毒蛇——不是致命毒蛇，是克利奥帕特拉七世想要的那种非致命的毒蛇——蛇咬伤了她的手。

②据迪昂·卡西阿斯记载，克劳狄皇帝[41年至54年]曾要求埃及总督埃米利乌斯·雷克图斯"剪羊毛，不要剥羊皮"。事实上，埃及支付的实物税，即粮食实物税（annone），相当于罗马城3个月小麦的消耗量。

③当屋大维控制埃及时，罗马在埃及设置了3个军团（约15000人）的驻军，这是一支相当大的军事力量。到了提贝里乌斯统治时期[14年至37年]，驻军开始减少到两个军团。

柏柏尔补充兵的重要性。

除了亚历山大港曾几次（41—54年，66年，70年，115年）遭到犹太人和基督教徒侵略以外，埃及其他地方都是和平的。

在安敦尼王朝[96年至192年]，尤其是从哈德良[117年至138年]统治起，情况发生了改变，罗马帝国的统治者更倾向于将埃及和罗马帝国的命运联系起来。塞维鲁王朝[193年至235年]是一个来自昔兰尼加的柏柏尔王朝。这期间，情况又发生了改变。塞普蒂米乌斯·塞维鲁[193年至211年]对埃及很慷慨，212年，他的儿子卡拉卡拉[211年至217年]赋予了全体罗马人民公民身份。但在他统治期间，埃及频发叛乱甚至起义。卡拉卡拉访问埃及时遭遇阴谋，之后，亚历山大港遭到了皇帝的报复：卡拉卡拉屠杀了该城的部分居民①。

284年，戴克里先继位，进行了一项深刻的行政改革。他将埃及分为4个省：埃及（主要是三角洲地区）、底比斯和两个利比亚，埃及总督被授予"奥古斯塔尔"的称号，负责管理这4个省。380年前后，埃及成立行政区，取代了早期的行政

---

① 2世纪以来，由于埃及粮仓的角色已经被非洲其他国家替代，罗马对埃及的兴趣已经减弱。

单位，涵盖了上述所有省份。527 年至 565 年，东罗马帝国皇帝查士丁尼废除了埃及的行政区制，建立了由东罗马帝国禁卫军统领管辖的 5 个公国，即埃及、奥古斯塔姆尼卡、阿卡迪亚、底比斯和利比亚，每个公国又分为两个省。这项改革的目的是破坏埃及的统一，以便更好地控制埃及，加强皇帝的权威。然而，塞维鲁王朝时威胁埃及的不利因素并没有消失，腐败、财政压力和宗教争端从未停止。

3. 宗教问题和社会的衰弱

1 世纪 60 年代，马可在埃及传教。犹太大都市亚历山大港成为第一个基督教中心。180 年前后，亚历山大港建立了第一所传教士学校——亚历山大教导学院，传播了埃及第一批《圣经》注解学家的教义。从这个时候开始，教会开始了本位化，开始使用埃及的语言，即古埃及语的遗珠科普特语。

由于基督教徒拒绝接受社会上的宗教仪式，202 年，塞普蒂米乌斯·塞维鲁颁布了禁止基督教的法令，开始了对基督教徒的迫害。德尔图良 [约 155 年至 220 年] 要求非洲的基督教徒不参与城市生活，拒绝任何可能给异教提供祭品的农业活动或贸易，禁止基督教徒在军队中服役。这些基督教徒甚至会因此受到死亡的威胁。德尔图良的要求暗示着，殉道和痛苦是通往救赎的道路①。

之后，250 年，德西乌斯 [249 年至 251 年] 再次开展了对基督教徒的迫害。257 年，瓦莱里安 [253 年至 260 年] 也对基督教徒进行了迫害。许多基督徒被迫逃离亚历山大港，去更远的地方寻求庇护，而这促进了基督教向尼罗河下游、上游，甚至向努比亚的传播。

303 年，戴克里先 [284 年至 305 年] 开始了对基督徒最大规模的一次迫害。基督徒所遭受的苦难如此之大，以至于埃及教会将戴克里先统治时期开始的 284 年作为其时代开始的日期②。285—286 年，帝国分裂成了两部分，戴克里先建立了四帝共治制。随后，埃及成为拜占庭（君士坦丁堡）的附属国，这在尼罗河畔引起了人们的不满，而且——正如我们稍后将看到的——这导致科普特人视阿拉伯人为解放者。

马克西米努斯二世 [310 年至 313 年] 统治期间，宗教恐怖氛围有增无减，数以千计的基督教徒被处决。

391 年，随着萨洛尼卡敕令的颁布，皈依基督教运动开始

---

① 2 世纪初皈依基督教的迦太基柏柏尔人德尔图良曾表示："我们必须与祖先的制度和传统的权威做斗争。"这些非常激进的话语甚至"在一个最高价值恰恰是'先祖习俗'——即从父辈那里得到的习俗的社会中，采取了一种挑衅性言论。他的整个论点——这个论点被使用了很长时间——包括让人们认识摩西律法，认识基督律法，反倒更加古老"。
②科普特人称为殉道者时代或戴克里先时代。

了。之后，基督教成为国教，埃及完全基督教化了。392 年，在亚历山大港，狂热的基督教徒摧毁了塞拉皮斯神庙[①]，这标志着古老埃及宗教的终结。

444 年，埃及狄奥斯库若主教宣称，亚历山大港的主教拥有主导地位。罗马和君士坦丁堡认为，提出这一观点相当于造反。451 年，卡尔西顿公会议中，狄奥斯库若被废黜，后遭流放。埃及基督教徒与君士坦丁堡和拜占庭政权从此决裂。

问题的根源在于宗教和政治两方面，埃及教会——和它背后的整个国家——拒绝受君士坦丁堡控制。卡尔西顿公会议后，埃及甚至将东罗马帝国看作占领埃及的国家，科普特的基督教徒竭力削弱东罗马帝国的影响，因此间接地为阿拉伯 - 伊斯兰征服埃及做了准备。

埃及教会承认前卡尔西顿派，不信奉国教，罗马帝国将其视为异端并大力打击，拜占庭皇帝查士丁尼一世 [527 年至 565 年] 时期尤甚。540 年至 578 年，埃及教会分裂成了数个教派，这些教派之间处于互相攻击的状态[②]。

---

①对伊西丝女神的崇拜在埃及非常普遍，并且流行了很长时间。由于 537 年查士丁尼关闭了供奉她的菲莱神殿，埃及人转而崇拜圣母玛利亚。

②正是在这个时期，努比亚的基督教得到了广泛传播。努比亚地区的传教似乎真的是从 543 年开始的，其特别之处在于，它是由卡尔西顿派和反卡尔西顿派共同开展的。在 545 年至 580 年间，许多传教士从埃及甚至从君士坦丁堡被派往努比亚传教，努比亚地区的 3 个王国——瑙巴提亚、马库里亚（或马库拉）和阿洛亚皈依基督教。之后，这 3 个王国采用了科普特文字，而希腊语则成为他们的礼拜语言。

萨珊王朝时期，波斯帝国萨珊王朝君主库思老二世投靠埃及教会，以便削弱东罗马帝国的统治地位。

629 年，拜占庭帝国皇帝希拉克略收复埃及，科普特的基督教徒将拜占庭帝国的征服行为看作侵略、占领，再加上亚历山大港的主教并不是埃及人，这位主教的任务还是清除科普特异教徒，也就是和前卡尔西顿公派教会进行斗争。基督教内部的斗争为阿拉伯－伊斯兰征服埃及准备了条件。

[第五章]

阿拉伯征服和伊斯兰教化初期

埃及基督教的分裂、拜占庭东正教派和埃及基督一性论派之间的战争，都为阿拉伯征服埃及提供了条件。

1. 伊斯兰教化之初的几个世纪

正是在正统哈里发欧麦尔 [634 年至 644 年] 的统治下，拜占庭的行省埃及成为阿拉伯人的目标，迅速被阿拉伯人征服了。即使一些专家，如雅克·西里（1995）和路易斯·夏侬（2008），并不认为阿拉伯征服埃及的过程是很容易的，但事实是，阿拉伯于 639 年开始入侵埃及到 646 年，阿拉伯的穆斯林只花了不到 7 年时间就征服了当时完全基督教化的埃及。

约 570 年①，穆罕默德出生于麦加，由于父母早逝，穆罕默德是和他的叔叔阿拔斯②一起由他的祖父阿卜杜勒·穆塔里养大的。

穆罕默德来自阿拉伯的哈希姆家族，该家族政治中心位于叶斯里卜，是库施联盟的成员。库施联盟统治麦加地区，该地区的人朝拜一块立方体石头（这块石头因此得名克尔白，阿拉伯语"立方体房屋"的意思）。克尔白从天上降落时本是白色，但在亚当之子罪孽的重压下变成了黑色。据说一位天使把它交给了亚伯拉罕，亚伯拉罕把它传给了他的儿子以实玛利，指示他建造一个供奉神明的地方。

阿拉伯人是克尔白的守护者，是以实玛利的后代。上帝定期向人类派遣先知（亚伯拉罕、摩西和耶稣）来引导人类，他选择了穆罕默德在世界末日和最后的审判之前告知人类他的终极预言。这就是为什么对穆斯林来说，穆罕默德是"先知"，因为他是结束预言时代的人。610 年前后，穆罕默德从天使加百列那里得到了第一个

①此处采用公历纪年法。伊斯兰历的元年是 622 年。
②阿拔斯王朝就是由此得名的。

启示，612年至613年，穆罕默德开始布道。穆罕默德反对麦加的多神教，挑战了阿拉伯社会的基础。

622年，由于城内商人拒绝接受穆罕默德传播的新教义，他本人成为商人们攻击的目标。因此，他选择逃亡。在流亡过程中，他的几个追随者，包括阿里①、阿布·伯克尔和欧麦尔跟随他前往叶斯里卜②。这次迁移（希吉拉）发生在622年，标志着伊斯兰教纪元或伊斯兰时代的开始。

随后，穆罕默德开始征服阿拉伯。632年6月8日，穆罕默德去世，这时他已统一了阿拉伯半岛的大部分地区，对外征服则是由他之后的4个哈里发进行的。阿布·伯克尔[632年至634年]是其中的第一位，他征服了整个阿拉伯。633年，阿布·伯克尔向叙利亚的拜占庭属地发起了第一次远征。当时的情况对他很有利，因为拜占庭和波斯帝国萨珊王朝之间的长期斗争已经让双方两败俱伤。此外，巴勒斯坦和叙利亚的居

①阿里是穆罕默德的叔叔艾布·塔利卜的儿子。祖父阿卜杜勒·穆塔里死后，艾布·塔利卜收养了穆罕默德。穆罕默德与原配妻子赫蒂彻育有女儿法蒂玛，法蒂玛嫁给了阿里。620年前后，赫蒂彻去世。
②叶斯里卜后来改名为麦地那安纳比，即"先知之城"，今称麦地那。

民并不将阿拉伯人视为外国人，因为几个世纪以来，来自阿拉伯的部落就在该地区定居生活了。634年，拜占庭军队在巴勒斯坦被击败，同年，阿布·伯克尔在准备向大马士革进军时逝世于麦地那。不过，阿布·伯克尔还是任命了他的继任者，即第二任哈里发欧麦尔[634年至644年]。

欧麦尔开始了真正意义上的对外扩张，635年首次攻占大马士革就是标志①。636年，欧麦尔征服了巴勒斯坦和叙利亚。639年至641年，他控制了整个美索不达米亚，642年又统治了亚美尼亚的部分地区。

639年，阿慕尔·伊本·阿斯入侵西奈半岛，占领了阿里什，随后向布巴斯提斯和赫利奥波利斯进军，其间只遭遇了拜占庭人的微弱抵抗。641年春天，埃及的巴比伦城堡沦陷，阿慕尔·伊本·阿斯占领了法尤姆绿洲和三角洲地区。

641年夏初，阿拉伯开始围攻亚历山大港。642年9月，尽管这座富饶的城市拥有强大的防御工事，拜占庭军队却弃城而逃②，当时无法攻下它的阿拉伯人由此占领了亚历山大港。

---

① 636年年初，拜占庭人撤离大马士革，年底再次收复大马士革。
② 645年，一支拜占庭远征军重新占领了亚历山大港，守城几个月后，646年，被阿拉伯人击溃撤离。

事实上，作为埃及的重要城市，亚历山大港曾两度被占。642年，拜占庭军队根据签署的条约撤离亚历山大，阿拉伯人和平地占领了这座城市，亚历山大的居民成为须支付吉兹亚（人头税）的齐米（受保护的人）①。645年，拜占庭人收复亚历山大后，在三角洲地区与阿拉伯人开战，战败后，退回了亚历山大港。在这次战争中，亚历山大港被武力攻破并惨遭劫掠。

643年，阿慕尔·伊本·阿斯在三角洲和中埃及地区，即尼罗河分支的交界处，建立了一座新城市福斯塔特，由此奠定了埃及新首都的基础。

652年，阿慕尔·伊本·阿斯沿着尼罗河向努比亚进发，到达栋古拉。与埃及基督徒不同，努比亚基督徒进行了抵抗，阿拉伯人被迫与他们的统治者签订了一份不侵犯条约——《巴卡特条约》。阿拉伯人承认努比亚的独立地位，作为交换，努比亚人每年从今南苏丹的尼罗河部落俘获一批黑人奴隶，作为贡品献给阿拉伯人。

---

①伊斯兰法律区分了两种领土：一种叫达尔·伊斯兰，由伊斯兰统治者管理并受伊斯兰法律管辖；另一种是达尔·哈尔卜，指不信仰伊斯兰教的地区，穆斯林与之交战，直到他们改变信仰。一些专家试图定义第三类领土，但法学家们并不怎么认可这种分类方法。这些人将第三种领土称作达尔·苏尔赫或达尔·艾哈德，即"协议或契约的土地"，指受伊斯兰教管辖的非伊斯兰地区。

科普特基督徒将拜占庭人视为压迫者，因此，他们欢迎阿拉伯人征服埃及。11世纪的科普特历史学家叙利亚的米海尔写道：

"复仇之神看到希腊人的恶：他们在统治的地方，残酷地掠夺我们的教堂和修道院，毫不留情地给我们定罪。于是，复仇之神从南部地区带来了以实玛利的儿子来拯救我们……从罗马人的残酷统治中解脱出来，对我们来说是件喜事。"

阿拉伯征服埃及的最初几年，阿拉伯人表现得很宽容①。他们再次任命了被拜占庭人废黜的亚历山大港主教本杰明，保留了以前的行政机构，向科普特人征税。被阿拉伯征服后，科普特人成为齐米，阿拉伯人承认他们的宗教和财产，作为交换，他们必须缴纳两种税，即吉兹亚和哈拉吉（土地税）②。

706年，埃及仍在阿拉伯的控制之下，而统治者的政策发生了变化。倭马亚王朝的哈里发瓦利德一世[705年至715年]决定，对埃及的语言和文化实行阿拉伯化政策，将阿拉伯语作为埃及的官方语言；715年，瓦利德一世任用了一批伊斯兰教官员，取代了之前的基督教官员。这一运动似乎进行得非常迅速，709年之后，哈里发再也没有发布过希腊－阿拉伯

---

① 穆罕默德曾娶过一个名叫玛丽亚的科普特女子，二人育有一子，但这个孩子很小就夭折了。穆罕默德要求他的信徒尊重科普特人。

② 到9世纪，课税越来越重了：705年到868年，税翻了五番。

双语文件。波斯人和土耳其人选择保留各自语言，埃及人则放弃了他们的语言，融入了阿拉伯语言群体。几十年内，半数以上的科普特人改信伊斯兰教，讲阿拉伯语的穆斯林很快就在埃及占了多数。

722年、725年、739年和770年，发生了不同程度的基督教起义。829年至832年，三角洲的科普特人掀起了反对征税的大规模暴动。哈里发马蒙[813年至833年]亲自率领几千名伊斯兰化的土耳其人大力镇压了此次暴动。随后，数以万计的科普特人被卖到奴隶市场。从此，在阿拉伯的统治下，广大的科普特人改信伊斯兰教。信仰基督教的科普特人越来越少，阿拉伯人反倒越来越不放过他们，他们严格执行《古兰经》的规定，对基督教科普特人进行压迫①。

868年，在阿拔斯王朝哈里发穆阿台兹[866年至869年]统治时期，一位名叫艾哈迈德·伊本·突伦的突厥总督，逐渐脱离了巴格达，实现了自治。

艾哈迈德·伊本·突伦放弃了福斯塔特城，决定建立一个新的首都加塔伊，即现在的开罗市。他在埃及全境建立了清真寺、喷泉和其他各种建筑，甚至修复了亚历山大港的部分灯塔。

---

① 1055年前后，科普特人被追杀，他们的教堂也被关闭了。

哈里发穆耳台米德 [870 年至 892 年] 担心埃及会崛起，借口埃及总督艾哈迈德·伊本·突伦不缴纳税款，决定将他废黜。艾哈迈德·伊本·突伦拒绝接受这一命令，转而选择与哈里发穆耳台米德开战。878 年，哈里发的军队战败，埃及人占领叙利亚。趁着父亲不在，艾哈迈德·伊本·突伦发动叛乱，摧毁了艾格莱卜王朝重镇的黎波里塔尼亚，并试图征服易弗里基叶。艾格莱卜人与奈夫宰的柏柏尔人结盟，击溃了艾哈迈德·伊本·突伦。艾哈迈德·伊本·突伦被赶回了巴尔卡，他的父亲在此将他抓获，并将他投入监狱。

884 年，艾哈迈德·伊本·突伦去世，他的儿子胡马赖韦 [884 年至 896 年] 继任。为了向埃及征税，哈里发被迫承认胡马赖韦和他的后代在埃及和叙利亚拥有世袭统治权。

896 年，胡马赖韦在大马士革被暗杀，他的继任者阿布·阿拉 – 阿萨基尔 [896 年]、哈伦·本·胡马赖韦 [896 年至 904 年] 和沙班·本·艾哈迈德·本·突伦 [904 年至 905 年] 相互争斗，王朝不断出现血腥的阴谋。905 年，阿拔斯王朝的哈里发穆克塔菲 [902 年至 908 年] 决定向埃及派遣军队，以此将埃及重新纳入哈里发的管辖范围。905 年 1 月，福斯塔特被占领。埃及再次成为哈里发的一个行省，突厥的总督负责管理埃及，但他们无法让埃及重归和平。

935 年，在哈里发拉迪一世 [934 年至 940 年] 的领导下，突厥人穆罕默德·伊本·突格吉被任命为埃及总督，任务是保卫王朝的西部边境，抵御来自易弗里基叶的法蒂玛王朝的威胁（见下文）。939年，穆罕默德·伊本·突格吉被赐予"伊赫希德"（服务者）的头衔。

946年，穆罕默德·伊本·突格吉去世，他的两个儿子相继即位，但真正掌权的是他的军队领袖、黑人太监阿布·米斯克·卡夫尔。966年，阿布·米斯克·卡夫尔统治了埃及，并得到了阿拔斯王朝哈里发的承认。968年，卡夫尔去世，当时，拜占庭再次开始入侵埃及[①]，同时，法蒂玛王朝统治者也率领在卡比利亚组建的柏柏尔军队向尼罗河河谷推进。

2. 法蒂玛王朝 [909年至1171年]

10世纪至11世纪，埃及什叶派法蒂玛王朝的哈里发和阿拔斯王朝处于敌对状态。

法蒂玛王朝诞生于今卡比利亚地区，其历史包括两个时期。从909年到974年，法蒂玛王朝统治着马格里布中部和东部地区。974年，法蒂玛王朝将权力中心转移到了埃及。随着法蒂

---

① 961年，拜占庭再次征服克里特岛，962年征服阿勒颇，965年征服塞浦路斯，969年征服安条克。

玛王朝的到来，哈里发的统一被打破：两个相互竞争的哈里发同时存在，一个哈里发在开罗，另一个哈里发在巴格达。

893 年前后，在一次去麦加朝圣的过程中，伊斯兰教什叶派伊斯玛仪教派的传教士艾布·阿卜杜拉·侯赛因和居住在小卡比利亚的桑哈贾人的一个分支——库塔马柏柏尔部落①的成员会合，法蒂玛帝国由此诞生。桑哈贾人在什叶派②中找到了对抗阿拉伯化③而不是对抗伊斯兰化的方法。库塔马实际上属于阿拉伯艾格莱卜王朝（首都凯鲁万），在马格里布，凯鲁万的艾格莱卜王朝代表着巴格达的阿拔斯王朝哈里发的权力。

艾格莱卜王朝的第三位统治者易卜拉欣二世 [875 年至 902 年] 统治时期，卡比利亚发生了叛乱，当时库塔马人在乌拜杜拉的领导下发起大规模起义，从山上往下扫荡。乌拜杜拉是阿

---

①库塔马人是拜占庭的乌库塔玛尼人，以其骑兵著称。

②法蒂玛王朝——以先知之女、阿里之妻法蒂玛的名字命名——主要传播什叶派学说（源于什叶党）。他们是绝对的'正统派'，认为哈里发必须回到阿里的后裔，即'人民'手中，而阿布·伯克尔之后的三位哈里发——尽管一般被称为拉什杜，即'领导有方'的人——是篡位者。因此，在什叶派看来，倭马亚和阿拔斯王朝的哈里发都是篡位者，因为他们都不是阿里和法蒂玛家族的人。

③部分柏柏尔人以哈瓦利吉派平等主义的名义与倭马亚王朝的阿拉伯人进行斗争，之后又以什叶派神权和贵族主义的名义与阿拔斯王朝的阿拉伯人斗争。不寻常的是，阿拔斯王朝放弃了哈瓦利吉派的平等主义主张，转而支持以什叶派为代表的神权和贵族秩序。

拉伯人，他宣称自己为先知的"后裔"，并自称马赫迪①。904年，库塔马人先后占领了塞提夫和凯鲁万，而艾格莱卜王朝的最后一位统治者兹亚达特·安拉三世则逃到了埃及。

909年，库塔马－法蒂玛王朝击败艾格莱卜王朝后，转向西边，占领了伊巴德派教长国，其首都提亚雷特惨遭屠城②。

912年，乌拜杜拉建立了一个新首都马赫迪亚（马赫迪的城市），934年，乌拜杜拉在此逝世。913年，法蒂玛王朝占据了的黎波里塔尼亚的整个海岸线，又朝着巴尔卡进军，并于914年占领了该城。法蒂玛哈里发的儿子卡伊姆想要乘胜追击，试图进军埃及，但被击退了。法蒂玛王朝定居今昔兰尼加后，准备进攻埃及法尤姆绿洲，然而，919年和935年法蒂玛的两次进攻均以失败告终。

935年，乌拜杜拉·马赫迪的儿子卡伊姆[934年至946年]统治期间，"骑驴的人"阿布·雅齐德领导哈瓦利吉派进行起义。阿布·雅齐德来自今突尼斯托泽尔，是伊夫伦部落的扎纳塔人，统治着奥雷斯山脉的一部分部落，包括马格拉瓦人。

942年，这个扎纳塔－哈里发联盟被桑哈贾塔卡塔部落的首领齐里·伊本·梅纳德击溃，伊夫伦部落和马格拉瓦部落逃

①伊斯兰教某些支派所称的"复临真主"。——译者注
②幸存的伊巴德派在姆扎卜定居，那里至今仍是马格里布伊巴德派的中心。

到了今天的摩洛哥避难，后来伊夫伦部落和马格拉瓦部落受到科尔多瓦的倭马亚哈里发的保护，并承诺效忠于该政权[①]。

马赫迪嘉奖了齐里·伊本·梅纳德的忠诚，任命他为该地区所有桑哈贾部落的首领。

法蒂玛王朝的第三位哈里发"胜利者"曼苏尔 [946 年至 952 年] 继承了卡伊姆的王位。969 年，在穆伊兹 [952 年至 975 年] 的统治下，法蒂玛王朝发起了对东哈里发的征服。

969 年，从马格里布向埃及进军的法蒂玛军队基本上是由柏柏尔部队组成，其中主要是库塔马人和兹里人。970 年，法蒂玛军队占领福斯塔特后，进军巴勒斯坦，先后占领了拉姆安拉和提比里亚，最后夺取了大马士革。新法蒂玛帝国的统治范围从西部的易弗里基叶延伸到西奈半岛，今利比亚是法蒂玛帝国的核心[②]。

---

① 许多战败者带着他们的家人去了安达卢西亚，构成了当地人口的重要组成部分，这些人就像后来移民埃及的库塔马人一样不受当地人欢迎。

② 穆伊兹在开罗就职后，建立了一个新的省份。以的黎波里为首都，它涵盖了整个的黎波里塔尼亚，直到艾季达比亚为止。该省的第一位总督是一位柏柏尔－库塔马人。977 年，穆伊兹的继任哈里发阿齐兹将该省划归易弗里基叶，将该省交由一个兹里人管理。随后，法蒂玛王朝与他们的附庸兹里之间的关系变得紧张起来，这导致的黎波里塔尼亚出现权力真空。1001 年，来自哈兹伦部落的柏柏尔－泽尼塔人福尔福·本·哈兹伦占领了的黎波里，并在那里建立了一个王朝。这个王朝控制的黎波里及其周边地区近 150 年，利用其地理位置先后与突尼斯的兹里和埃及的法蒂玛结盟。

穆伊兹去世之后，阿齐兹 [975 年至 996 年] 即位，彻底改革了军队。为了摆脱柏柏尔部队的控制，阿齐兹在军队中任用了土耳其人，这为后来马穆鲁克政权的诞生提供了条件。

哈基姆 [996 年至 1021 年] 是阿齐兹的儿子。阿齐兹去世后，年幼的哈基姆继承了王位。由于年幼的哈里发实力不稳，法蒂玛军队各个民族的特遣队①开始相互争斗。首先拿起武器的是柏柏尔人，他们长期以来一直是王朝的主要力量，被土耳其人取代后一直感到不满。

哈基姆统治时期，埃及的西部边境受到了倭马亚家族阿布·拉克瓦的威胁。阿布·拉克瓦成功组建了一支由柏柏尔－泽内塔志愿军和定居在的黎波里塔尼亚的库拉部落的阿拉伯人组成的军队。1006 年，阿布·拉克瓦直逼福斯塔特。凭借招募的数千名努比亚雇佣兵，法蒂玛政权得以保存②。

1009 年，性情反复无常的哈基姆拆毁了耶路撒冷的耶稣圣墓，强迫基督徒和犹太人皈依伊斯兰教，之后又允许他们叛教。1009 年至 1014 年间，哈基姆对科普特人进行了血腥的迫害③。

---

①主要是柏柏尔人、斯拉夫人、努比亚人和土耳其人。

②在整个法蒂玛时期，努比亚都是繁荣的，许多努比亚人被编入埃及军队，组成了哈里发的卫队，称"黑衣卫"。此时，努比亚有 4 个主教区：卡斯尔·伊布里姆、法拉斯、赛义和栋古拉。从 6 世纪教区的建立到 1175 年法拉斯主教的年表都是已知可查的。

③1021 年，哈基姆神秘死亡，很大程度上使得德鲁兹派相信哈基姆还会回来。

在哈基姆的继任者扎希尔 [1021 年至 1035 年] 和穆斯坦绥尔 [1035 年至 1094 年] 的统治下，埃及政权日益衰弱，军队工资低，纪律性极差，军队实力也被部族斗争削弱了。

1072 年，埃及爆发了一场军事起义，一位名叫纳绥尔·道莱的将军监禁了穆斯坦绥尔，宣布承认阿拔斯王朝的哈里发，并请求塞尔柱突厥人的帮助。随后，巴勒斯坦总督、皈依伊斯兰教的亚美尼亚人巴德尔·阿尔－贾玛里拯救了法蒂玛王朝。1074 年年初，在对军队和文职部门进行肃清后，巴德尔·阿尔－贾玛里恢复了穆斯坦绥尔的统治，之后粉碎了正在掠夺上埃及的叛变的努比亚部队。1077 年，巴德尔·阿尔－贾玛里消灭了定居在三角洲地区的柏柏尔人，据说当时有 2 万名柏柏尔妇女被卖到该地区的奴隶市场。

1094 年，巴德尔·阿尔－贾玛里和穆斯坦绥尔先后去世。埃及陷入了无政府状态。巴德尔·阿尔－贾玛里的儿子埃尔－阿法达·沙阿将年轻的哈桑扶上了王位，却将自己的哥哥尼扎尔投入地牢。从此，军事领导人控制了法蒂玛王朝，他们在行使现实权力的同时，也开始了可怕的自相残杀。

到 8 世纪初，来自阿拉伯北部的部落，包括希拉勒人①、

---

①希拉勒是所有这些部落的祖先，因此这些部落也是希拉勒人，其主要部落是乔赫姆、阿特贝、佐格巴、利雅、雷比亚和阿迪。除此之外，还有苏莱姆和马基尔。

马基尔人和苏莱姆人，分裂成了阿特贝、利雅和佐格巴等几个部族，经西奈半岛进入埃及。

11 世纪上半叶，贝都因人毁坏了埃及的乡村。法蒂玛王朝想要惩罚他们的附庸兹里人和哈马德人，因为他们已经和逊尼派及巴格达的阿拔斯王朝的哈里发结盟。1050 年，在阿布·扎伊德·伊本·里兹克·希拉利的领导下，在法蒂玛王朝的鼓动下，贝都因人向马格里布进军。由于法蒂玛王朝将土地产权交给了阿拉伯部落的首领，因此征服是合法的。

3. 阿尤布^①统治时期 [1240 年至 1250 年]

1094 年起，由于法蒂玛王朝无法控制其军队首领，埃及陷入了无政府状态。同期，逊尼派土耳其人努尔丁 [1116 年至 1174 年] 征服了叙利亚，并于 1154 年定居大马士革。这位巴格达阿拔斯王朝哈里发的"虔诚国王"决定将十字军赶出圣地。由于担心突厥入侵，法蒂玛王朝转而选择亲近十字军。

为了防止阿马尔里克一世与法蒂玛王朝结盟，努尔丁向埃及派遣了一支军队，由库尔德人谢尔库赫负责指挥。1169 年

---

①得名于萨拉丁的父亲纳吉姆·丁·阿尤布。

1月，谢尔库赫被任命为法蒂玛王朝哈里发阿迪德的宰相，法蒂玛王朝无力抵抗，被迫接受这一任命。几周后，谢尔库赫去世，他的侄子萨拉丁①继承了他的势力。

阿迪德发现自己处于一种屈辱的境地：他的什叶派国家事实上受制于逊尼派的阿拔斯哈里发的统治。于是，他决定暗杀萨拉丁，却被萨拉丁抢先一步，他自己的黑衣卫反遭屠杀。

1171年9月，阿迪德去世，什叶派法蒂玛哈里发被废。从此，人们要向巴格达阿拔斯的哈里发祈祷，正统逊尼派再次统治埃及。然而，努尔丁嫉妒他的侄子萨拉丁的权力，于是发动远征，试图将埃及纳入他的管辖范围。但是，他没有时间实施这一政策，因为1174年5月，努尔丁去世了。

由库尔德人建立的逊尼派阿尤布王朝就这样取代了诞生于易弗里基叶的阿拉伯裔、柏柏尔族什叶派的法蒂玛王朝。萨拉丁先花费了几年时间统一伊斯兰公国，之后开始征服耶路撒冷王国。

1193年，萨拉丁去世后，他的儿子们瓜分了他的财产，分裂了他所创建的帝国，开始内斗。当基督教徒发动第五次十字军东征[1217年至1221年]时，内斗仍在继续。最后，直到

———————————————

①萨拉丁姓氏全称是阿尔－马莱克·纳西尔·萨拉赫·丁·尤素福。

1240 年，萨拉丁的曾外甥萨利赫 [1240 年至 1249 年] 才在开罗建立了强大的政权。

阿尤布王朝统治下的利比亚

法蒂玛时期，埃及与努比亚建立了长期联盟。在法蒂玛王朝结束后，埃及和努比亚的关系恶化了。

萨拉丁屠杀了法蒂玛王朝的努比亚雇佣兵部队，将其赶出了埃及。1171 年，萨拉丁终止了《巴卡特条约》（见上文），再次与努比亚进入敌对状态。

1172 年至 1250 年，阿尤布王朝在开罗掌权期间与南方基督教冲突不断。前诺巴迪亚王国被征服后，就只剩下两个努比亚王国，即北部的马库里亚王国（以栋古拉为首都）和南部的阿勒瓦王国，二者以第五瀑布和第六瀑布之间为界。

1253 年，自 11 世纪以来定居在尼罗河和红海之间东部沙漠的阿拉伯牧民部落起义了。然后，就像 11 世纪法蒂玛王朝对希拉勒的做法一样，埃及苏丹让他们在其他地方继续掠夺，苏丹把他们逼向南方，即努比亚——那个被苏丹掠夺过、已经伊斯兰化的地方。

阿尤布王朝的主要弱点是其强大的库尔德氏族和家庭结

构，这些结构被人为地强加在埃及的社会现实中。正因如此，由土耳其人和库尔德人组成、受到伊克塔土地制度①保护的军队，是以占领军的形象出现在埃及人民的面前的。之后，苏丹决定，权力只能来自马穆鲁克。马穆鲁克是一支白人部队，其成员来自中亚（突厥人）、俄罗斯南部（斯拉夫人），很多人来自高加索地区。有了马穆鲁克，埃及就有了一支战斗力强的军队。

1249 年，法国国王路易九世发动第七次十字军东征，在达米埃塔登陆。这时，苏丹萨利赫·纳吉姆丁刚刚去世，新任苏丹图兰沙 [1249 年至 1250 年] 不在国内，情势对法兰克人很有利。这时，在曼苏拉附近，拜伯尔斯指挥的马穆鲁克人战胜了因瘟疫而损失惨重的十字军军队，并俘虏了法国国王路易九世。

当图兰沙从伊拉克回来时，他意识到马穆鲁克人将联合起来反对他。为了重新控制他们，他剥夺了马穆鲁克人的部分财产，但马穆鲁克人转而谋杀了他。图兰沙是阿尤布王朝的最后

---

① 这种制度在法蒂玛时期就已经开始实施。根据这一制度，军队将分布在全国各地，由他们驻扎的地区或城镇负责补给军队。在现实中，每个军事领导人或埃米尔都收税，其中一部分用于维持部队运作，其余的会被上交给权力部门。

一位苏丹。他死后，阿尤布王朝终结。1250 年 11 月 12 日，马穆鲁克统治者忽都斯被宣布为新一任苏丹，成为统治埃及的 47 位马穆鲁克苏丹中的第一位。

[第六章]
马穆鲁克统治埃及的 500 年

[1250 年至 1798 年]

马穆鲁克第一任苏丹忽都斯[1259年至1260年]统治期间，王朝不得不面对蒙古人的入侵。1258年，蒙古人开始入侵马穆鲁克，1259年起，蒙古人就横扫了近东。13世纪初，亚洲草原上的蒙古人（也称鞑靼人）将边境一直推进到地中海，在各地造成了巨大的动荡和破坏①。

1. 首个马穆鲁克政权 [1250年至1340年]

1258年，巴格达沦陷，阿拔斯王朝的哈里发穆塔西姆[1242

①伊利汗人是成吉思汗的孙子旭烈兀的后裔。伊利汗人定居波斯，信仰伊斯兰教，与马穆鲁克和钦察汗国都曾开战。钦察汗国是拜占庭的邻国，也是马穆鲁克的盟友，领土从黑海延伸到中亚，也被称为钦察（今克里米亚）的可汗，钦察汗国的可汗别儿哥也信仰伊斯兰教。

年至 1258 年] 被刺杀，阿拔斯王朝灭亡。国土规模巨大，国家分裂，奉行世界主义而淡化其阿拉伯文化特点，这些因素削弱了阿拔斯王朝的实力。

的确，各个民族，波斯人、突厥人、阿塞拜疆人、高加索人、阿富汗人和印度人，都涌向了这里。这些民族的出生率比阿拉伯人的更高，忠诚度更低，军队和行政部门中有许多这些民族的人……维护扎格罗斯山脉和卡伦河以外的阵地已经让人们筋疲力尽，因此这也加剧了世界主义对王朝领土的威胁。正是由于它是一个帝国，而不是一个民族，阿拔斯王朝才注定要消失，才注定要成为那些野蛮民族觊觎的牺牲品，而中亚正是这些野蛮民族名副其实的基地。

似乎没有什么能阻止蒙古扩张版图。而就在这时，1260 年9 月 3 日，在离巴勒斯坦的纳布卢斯不远的地方，马穆鲁克人赢得了胜利。蒙古大将怯的不花战死，头颅被带回开罗。正如1249 年对阵路易九世时一样，马穆鲁克人拯救了伊斯兰教，侵略者被赶回幼发拉底河对岸①。

---

①在不贬低马穆鲁克人胜利的前提下，我们需要认识到，当时的蒙古正处于分裂状态。1259 年夏，蒙古大汗孛儿只斤·蒙哥去世，他的两个兄弟孛儿只斤·阿里不哥和忽必烈正在争夺王位，指挥入侵军队的旭烈兀是忽必烈的支持者。于是，他返回蒙古，让怯的不花指挥剩余的部分军队。马穆鲁克另一大幸事也是伊斯兰教的另一件幸事是，法兰克人和蒙古人无法发动联合攻势。

马穆鲁克人

马穆鲁克人是来自斯拉夫、突厥或高加索的白人奴隶，后被招入军队中作战，黑人奴隶或亚裔奴隶不能加入。埃及的马穆鲁克人首先从中亚，主要是突厥人中引进，其次从俄罗斯南部，特别是高加索地区引进。

来自黑海的马穆鲁克人，即钦察人，是被热那亚人卖到埃及的。从奥斯曼人切断海峡的那一刻起，来自钦察汗国的马穆鲁克人就比以前少了，此时的马穆鲁克人多来自高加索地区。因此，马穆鲁克人中高加索人居多。有了他们，马穆鲁克种姓的族裔化现象就更加突出了。

选择马穆鲁克人入伍的过程是残酷的，无论是在抓获他们的地方、购买他们的地方，还是在使用国的专业商人转售的时候都是如此[①]。伊本·哈勒敦写道："供应商选择最好的奴隶，男孩要像金币，女孩要像珍珠。"

要成为马穆鲁克妻子的女奴也被精心挑选过，她们必须与男孩来自相同的民族，并且是同一族群的。此外，虽然伊斯兰世界可以休妻，但马穆鲁克人不能离婚，他

---

① 单眼眼疾的拜伯尔斯一世被以 40 第纳尔的价格买走，相当于 160 克黄金。嘉拉温 [1279 年至 1290 年] 具有惊人的美貌，他的价格是 1000 第纳尔，因此，他被称为阿尔－艾尔菲（al-AIfi 意为"千金奴"）。

们的后代也必须遵守内婚制：

"马穆鲁克制度明显是基于种族选择。马穆鲁克不是从随便一个游牧部落或随便什么非伊斯兰地区招募来的，他们主要来自从中亚到巴尔干半岛和亚得里亚海的广大地区，即通常被称为欧亚草原的大部分地区。"

马穆鲁克人是从来自山地或草原的最强壮的孩子中挑选的，这些孩子能够克服家乡严峻的环境、气候等困难。到达埃及后，一旦他们进入了培养马穆鲁克人的学校（称希尔卡或第巴克）时，这些年轻的奴隶就会受到教官管理。教官将负责他们的军事训练（骑术），在教官的监督下，这些奴隶不只接受教育，也接受着特别严格的训练：

"在训练过程中，不信伊斯兰教的马穆鲁克人皈依了；马穆鲁克人从孩子变成了成年人，从新兵变成了准备战斗的战士；从奴隶变成了自由人……学校……在这之中承担着极其重要的角色，即用一个新的家庭来取代他失去的家庭。"

一旦获得自由并成为马穆鲁克人，年轻的战士就会自动被同化为上层阶级，但这种地位只属于他自己，他"不能把他的等级和贵族身份传给他的后代。他是一个

'终身'贵族，马穆鲁克社会赋予了他们一个仅限于一代人的贵族身份……这是一个从无名中产生的贵族，又将回归无名。他们的后代被上层阶级剔除，在平民身份中迷失，尽管这个过程需要一些时间①"。

突厥名字是马穆鲁克战士种姓归属的独特标志之一。马穆鲁克人是唯一拥有突厥名字的人，即使是那些没有突厥血统的人也有突厥名字。马穆鲁克人的名字标志着他属于一个有声望的领导人的部队，这个领导人选择、购买、训练他，然后还给他自由人身份。

历史学家 David Ayalon 认为，马穆鲁克人在穆斯林的扩张中起到了相当重要的作用。他认为如果没有他们，伊斯兰教永远不可能那样扩张。事实上：

"伊斯兰教一直是新的、年轻的、强大的，因为它从战场上吸收了一代又一代年轻的军人奴隶。"

在马穆鲁克中，皇家马穆鲁克军团是一支特殊的精英队伍。这支精英队伍由苏丹自己购买、训练和释放的马穆鲁克人组成，部队驻扎在开罗，从开罗出发，行军

---

① "马穆鲁克人的后代……属于军团或自由阶层……他们组成了马穆鲁克贵族和平民之间的中间阶层……马穆鲁克人的后代已经完全被城市居民同化了。"

几天就可以在苏丹需要的地方进行军事干预。

马穆鲁克政权里孕育着阴谋诡计，因为每个上台的苏丹都有其所在的部族支持。新上台的苏丹很快就会把前任苏丹的亲信从所有的重要职位上撤下来，因为前任苏丹的亲信只想复仇。在马穆鲁克时期的47位苏丹中，有22位苏丹是通过暴力上台的。

马穆鲁克第二任苏丹拜伯尔斯一世 [1260年至1277年] 刺杀了忽都斯，将叙利亚并入埃及，使埃及马穆鲁克苏丹国成为当时最强大的伊斯兰政权之一。他战胜了十字军，从他们手中夺取了雅法、恺撒利亚、采法特、卡拉克和安条克几座城池。拜伯尔斯一世还进攻了亚美尼亚人和栋古拉王国信仰基督教的努比亚人。正是在马穆鲁克时期，埃及开始了对信仰基督教的努比亚人的大规模进攻。马库里亚王国长期遭到东部沙漠的贝都因人攻击，国家满目疮痍，逐渐转变为马穆鲁克苏丹国的附庸。拜伯尔斯一世要求马库里亚国王达乌德再次缴纳《巴卡特条约》规定的贡品。之后，拜伯尔斯一世攻击了马库里亚王国，俘虏了达乌德，将其作为人质带回埃及。之后，拜伯尔斯一世推举沙坎达成为马库里亚王国新王，沙坎达接受了马穆鲁克的要求，马库里亚王国成为埃及附庸，每年将王国收入的一半作为贡品献给埃及。努比亚就这样成为"被劫掠的地方"。

拜伯尔斯一世主要通过向科普特人征收越来越多的税来资助他在叙利亚对最后一批十字军的作战①。1260 年，拜伯尔斯一世获胜。同年，在 1258 年巴格达大屠杀中幸存的阿拔斯王室遗民来到开罗，请求拜伯尔斯一世的保护。这位信仰伊斯兰教的傀儡哈里发向拜伯尔斯一世颁发了授爵证书，提高了新苏丹的威望。

被蒙古人摧毁的阿拉伯帝国就这样得以在埃及重建。1263 年和 1264 年，苏丹派工匠到麦地那修复先知的清真寺。1269 年，在朝圣之际，他在麦加任命了一名代表。随着守卫圣地所带来的巨大威望，苏丹也成为朝圣活动巨大收入的新受益者。从此，马穆鲁克在所有其他伊斯兰国家中拥有了现实的主导权，因为伊斯兰君主必须向马穆鲁克苏丹提出朝圣请求，由马穆鲁克的苏丹批准或拒绝，这就意味着其他伊斯兰国家承认了马穆鲁克对自己的主导权。

1265 年，阿八哈继承他的父亲旭烈兀的王位成为伊利汗国的君主后，埃及又开始担心蒙古人会和基督徒结盟。1266 年，为了避免这一情况发生，拜伯尔斯一世攻击了亚美尼亚的奇里乞亚王国（亚历山大勒塔），而早在 1259 年至 1260 年，西里

---

①几十年后，在 1319 年至 1320 年，科普特人被狂热的宗教暴徒追杀，埃及几乎所有的教堂和修道院都被洗劫一空，有些甚至被拆除。从这时起，科普特文化被阿拉伯化了，科普特语成为礼拜用语，变成了一种"死语言"。

西亚王国就已经与蒙古人结盟了。1266年夏，亚美尼亚人被击溃，数以万计的人被卖到奴隶市场。亚历山大勒塔地区沿海的亚美尼亚城镇被悉数摧毁。

1268年，拜伯尔斯一世决定攻占最后几座法兰克城市。雅法被夷为平地，不复存在。只有少数基督徒——22名圣殿骑士和500名军人——保卫着位于今黎巴嫩境内坚固的波福堡。在经过了十多天的抵抗后，波福堡最终被攻破。拜伯尔斯一世随后将视线转向北方——此前安条克公爵、的黎波里王子博希蒙德曾与蒙古人一起和他的岳父、亚美尼亚国王海屯一世作战的地方。1268年5月，安条克被围困。在没有水和食物的情况下，800名守卫者为保命投降，但拜伯尔斯一世将城里的守卫者全部处死。只有年轻的男人和女人幸免于难，他们被分给了胜利者。安条克被掠夺一空，所有的教堂都被夷为平地。

马穆鲁克人的继承权不是由父亲传给儿子的，但拜伯尔斯一世希望他的长子塞易德·伯克继承他的位置，在他还是个小孩子的时候，拜伯尔斯一世就指定他为自己的继承人。为了巩固马穆鲁克两大氏族的联盟，拜伯尔斯一世让塞易德·伯克迎娶了嘉拉温的女儿。

1277年，19岁的塞易德·伯克即位，但1279年，他将权力交给了他一个不到10岁的弟弟。3个月后，后者被嘉拉温废黜。这次，轮到嘉拉温面对危险的蒙古人了。因为不希望看到蒙古人与基督徒联合，嘉拉温与的黎波里的博希蒙德以及两大军事教团——福音派和圣殿派签署了为期10年的休战协议，从而消除了十字军余部带来的危险。然后，他转向曼古提穆尔领导的蒙古侵略者，后者得到了格鲁吉亚特遣队和国王莱奥三世领导的亚美尼亚军队的支持。1281年10月，在霍姆斯城下，亚美尼亚人最初击败了马穆鲁克人，但当曼古提穆尔受伤后，战场形势发生了变化，蒙古撤军，撤离了幼发拉底河。

解除了东部地区的威胁后，嘉拉温决定进攻亚美尼亚。1283年，嘉拉温攻下了亚美尼亚。之后，尽管与法兰克人签订了协议，嘉拉温还是想向他们发起进攻。1285年，经过38天的围攻，嘉拉温攻下了坚固的马卡布城堡（今叙利亚）。1287年8月底，拉塔基亚沦陷。1289年2月，嘉拉温开始围攻的黎波里，此时，热那亚人和威尼斯人撤离了该城，嘉拉温一次进攻就拿下了该城。城里的男人们被处死，妇女儿童则被分给胜利者。的黎波里随后被夷为平地，嘉拉温在稍远处建造了一座新的城市。

之后，嘉拉温想拿下法兰克人在圣地的最后一个属地阿卡。1290年11月初，他的军队离开开罗的军营，向巴勒斯坦进发。病重的嘉拉温自觉大限将至，让他的得力将领发誓承认他儿子哈利勒的权力。1290年11月11日，嘉拉温去世。

1291 年 3 月，哈利勒 [1290 年至约 1294 年] 进军阿卡。阿卡城内，15000 名守军正为最后的战斗做准备。哈利勒围攻阿卡 6 个星期，4 月 18 日，苏丹军队攻破防御工事大举入城。守军拼命抵抗，民众惊慌失措，冲向港口寻找逃离的船只。阿卡沦陷后，城内最后的基督教据点①被占领或清除。哈利勒获得了巨大的威望，但正在他最辉煌的时候，哈利勒被暗杀了。

哈利勒的儿子纳绥尔·穆罕默德·伊本·卡伦 [约 1294 年至 1340 年，中间时有缺位] 即位苏丹时只有 10 岁左右。当时，蒙古大将阿尔－阿迪勒·怯的不花掌握实权，1295 年②，怯的不花宣布自己为苏丹，但在 1296 年，他的左膀右臂、高加索的马穆鲁克人拉金推翻了他并宣布自己为苏丹。1299 年 1 月，拉金遭暗杀。马穆鲁克人随后拥护纳绥尔·穆罕默德·伊本·卡伦为苏丹，但实权实际上掌握在权臣拜伯尔斯和赛义夫丁手中。

1299 年年底，蒙古人与亚美尼亚结盟，再次越过幼发拉底河。在霍姆斯战役中，马穆鲁克军队被击败，阿勒颇和大马士革沦陷。1303 年 4 月，马穆鲁克发起反击，在大马士革地区马

---

① 如塔尔图斯、贝鲁特等。

② 1261 年，拜伯尔斯为 200 名从波斯逃来的蒙古骑兵和步兵及其家人提供了庇护。除此之外，还有其他人也逃到了埃及，后被编入军队。嘉拉温也做了同样的事情。13 世纪末，怯的不花接收了整个瓦剌部落，其中还有 10000 顶帐篷。这些新来的人中有的已经融入了马穆鲁克社会。

尔基·阿尔·萨法尔草原之战中击溃蒙军。马穆鲁克决定进攻亚美尼亚。1303年和1304年，亚美尼亚西部遭到蹂躏，马穆鲁克军队深入海屯的小亚美尼亚王国，占领了小亚细亚的马拉提亚。小亚美尼亚王国被迫缴纳了相当多的贡品，战争结束后，国家也变得破败不堪。小亚美尼亚王国不可避免地走向衰落，为一个世纪后突厥征服小亚美尼亚提供了可能。

1309年，纳绥尔·穆罕默德·伊本·卡伦退位，当时的两大权臣之一、来自切尔克斯的高加索人拜伯尔斯当选苏丹，称拜伯尔斯二世。但是，纳绥尔·穆罕默德·伊本·卡伦改变了主意，在叙利亚的马穆鲁克总督和赛义夫丁的支持下开始夺权。结果，拜伯尔斯二世退位并被处死。为了摆脱赛义夫丁的控制，纳绥尔·穆罕默德·伊本·卡伦将赛义夫丁也处死了。

第三次登上王位的苏丹纳绥尔·穆罕默德·伊本·卡伦是在一个全新的背景下上台的。十字军国家不再存在，蒙古人也暂时不会威胁马穆鲁克了。1323年，纳绥尔·穆罕默德·伊本·卡伦与伊利汗国之间还签署了一份和平条约。

在纳绥尔·穆罕默德·伊本·卡伦的统治下，埃及在军事、政治和经济方面都是伊斯兰地区的主导力量。开罗市建造了许多新建筑，反映了国家的繁荣。纳绥尔·穆罕默德·伊本·卡伦还进行了彻底的税收改革，使税收现代化，但这引起了很多人的不满。由于他的税务部门主要由科普特人组成，民众发起了激烈的反基督教运动。

马穆鲁克和非洲

马穆鲁克苏丹国嘉拉温苏丹统治时期，栋古拉王国已经崛起，在其统治者凯马蒙统治下曾三次起义。起义被镇压后，栋古拉王国的灭亡就更加不可避免了，因为自1291年以来，马穆鲁克不再需要与叙利亚的拉丁国家作战，他们能够将所有的精力投入征服比亚最后的基督教徒中。

1315年，纳绥尔·穆罕默德·伊本·卡伦废黜了栋古拉最后一位基督教国王克伦贝斯，将其囚禁在埃及，任命穆斯林阿卜杜拉·伊本·桑布统治栋古拉。在被囚禁期间，克伦贝斯皈依了伊斯兰教。1317年，栋古拉大教堂被改造成清真寺。14世纪时，马穆鲁克与非洲的关系有所加强。自阿拔斯王朝的哈里发来到马穆鲁克以来，开罗已经成为伊斯兰世界的宗教和文化中心。在前往麦加的途中经过埃及时，黑人伊斯兰统治者有时会接受阿拔斯王朝哈里发的授职。1324年，出于这个因素，马里帝国皇帝曼萨·穆萨途经开罗，从此，跨撒哈拉的贸易关系开始改变方向，运金商人逐渐放弃了以前通往摩洛哥的西部路线，而选择以埃及为终点的路线。

2. 马穆鲁克苏丹的衰亡与振兴

1340 年，纳绥尔·穆罕默德·伊本·卡伦去世后，马穆鲁克的势力逐渐减弱。1340 年至 1517 年，马穆鲁克苏丹国走向灭亡，随后奥斯曼帝国接管了埃及。

马穆鲁克苏丹国缓慢衰落的同时，奥斯曼土耳其人慢慢崛起了。马穆鲁克与奥斯曼土耳其人在今土耳其南部的奇里乞亚爆发冲突。奇里乞亚位于马穆鲁克北部，而此时的马穆鲁克正受纠纷和部族争斗困扰。

1340 年，苏丹纳绥尔·穆罕默德·伊本·卡伦去世，埃及陷入混乱。在他生前，苏丹曾任命他的儿子阿布·伯克尔 [1340年至 1341 年] 为他的继承人，但由于伯克尔卑鄙可憎，性格残忍，很快就被废黜了。在 6 年时间里，纳绥尔·穆罕默德·伊本·卡伦的 6 个儿子先后即位。这些人不是放荡就是无能，结果不是被推翻就是被刺杀。

纳绥尔·哈桑是纳绥尔·穆罕默德·伊本·卡伦的唯一一个保住了自己苏丹地位的儿子。1347 年至 1351 年和 1354 年至 1361 年，纳绥尔·哈桑两次上台执政。哈桑第一次上台之后几个月，埃及就暴发了黑死病。1348 年至 1349 年[①]，这场瘟疫给

----

① 在 14 世纪末和 15 世纪的大部分时间里，黑死病都处于暴发期，特别是在 1403 年至 1404 年、1430 年和 1460 年等。1492 年，1/3 的马穆鲁克人死于瘟疫。

埃及带来了沉重的灾难，国家损失了一半以上的人口，马穆鲁克军团也损失了一大部分军人。

1351年，哈桑被废，他的兄弟撒列哈登上王位，而1354年，哈桑重回王位。同年，奥斯曼人穿越达达尼尔海峡，开始入侵欧洲。

1361年，哈桑去世后，撒列哈被废黜，艾什莱弗·舍耳班即位。

1365年10月，在塞浦路斯的彼得一世、杜伦尼的纪尧姆和梅济耶尔的菲利普的命令下，基督徒登陆亚历山大港。这场新的十字军东征演变成了一场掠夺：占领了亚历山大港后，基督教军队在城内大肆掠夺，屠杀百姓[①]。一周后，考虑到力量的不匹配，基督徒决定撤退，留下了惊慌失措的科普特人，他们为这些可怕的日子付出了惨痛代价[②]。

1376年，艾什莱弗·舍耳班被暗杀后，埃及进入无政府状态，在此期间，几个苏丹相互继位。同时，在受到突厥影响的

①登陆亚历山大港之后，基督教徒还有其他一些行动，比如，1403年由塞浦路斯国王雅努斯、骑士团的罗德斯和布西考特元帅组织的行动。

② 14世纪，蒙古人在进攻中得到了亚美尼亚基督徒的支持，埃及的基督徒反倒遭受了迫害，导致埃及的教堂被毁。随后，埃及又制定了其他无理政策，比如，基督教徒必须穿蓝色衣服（犹太人穿黄色），不能承担公职，禁止基督教徒使用驴以外的坐骑，摧毁高于伊斯兰的基督教房屋等。1365年基督教徒登陆并洗劫亚历山大港后，对城内百姓的歧视性措施有增无减。

蒙古将领帖木儿的指挥下，蒙古人再次开始威胁埃及。

1382 年至 1389 年，贝尔孤格[1]统治苏丹，其间，他的统治几经中断。1399 年，贝尔孤格去世，他的继任者是他的儿子，嗜血成性的法拉吉 [1399 年至 1412 年][2]。

1400 年秋天，帖木儿进军叙利亚，占领了阿勒颇，然后向霍姆斯和巴勒贝克进发，之后攻占了大马士革，大马士革被洗劫一空。1401 年 3 月中旬，帖木儿离开了大马士革，留下了一片废墟，著名的倭马亚清真寺也被大火烧毁。1401 年 7 月，巴格达被攻占，这座城市遭到的破坏比大马士革还要严重。之后，正当埃及等待着帖木儿进攻的时候，帖木儿将视野转向了奥斯曼，并在今安卡拉附近的丘布克击溃了奥斯曼人。蒙古人的这次胜利给了拜占庭帝国半个世纪的喘息时间，因为奥斯曼人花了近 30 年的时间才重新崛起。

1412 年，法拉吉死后，马穆鲁克没有一个人有能力继任苏丹，马穆鲁克首领们决定推选 1260 年在开罗避难的阿拔斯王朝哈里发为苏丹，称穆斯塔因。穆斯塔因在位只有几个月，因为同年，就有一位切尔克斯血统的马穆鲁克首领穆艾叶德 [1412 年至 1421 年] 上位掌权。他恢复了国家的秩序，充盈了国家

---

①从贝尔孤格开始，马穆鲁克苏丹都是从高加索族的切尔克斯人中选出的。
②法拉吉曾两度在位。第一次是在 1399 年，只在位了几个月；第二次则从 1405 年至 1412 年，在位 7 年。

的财政，然后开始了对小亚细亚和奇里乞亚的军事远征，以便在托罗斯山脉重建马穆鲁克苏丹国的北部边界。

穆艾叶德死后，马穆鲁克的王位继承问题十分混乱。1422年4月，经过许多曲折后，白尔斯贝[1422年至1438年]即位苏丹。白尔斯贝个性鲜明，在他的统治下，马穆鲁克苏丹国实现了真正的复兴。白尔斯贝为此付出了巨大的努力。

首先，白尔斯贝分两个阶段征服了塞浦路斯。1425年8月，白尔斯贝发动第一次远征，埃及人占领了利马索尔，但很快，埃及人就撤离了利马索尔。第二次远征更为重要。白尔斯贝知道，基督教世界不愿或无法向塞浦路斯国王雅努斯提供援助。威尼斯和热那亚在亚历山大港和马穆鲁克苏丹国的其他港口都有贸易点，因此都无意与他们的主要贸易伙伴闹翻。欧洲当时正饱受各方势力冲突的困扰，无法向地中海东部一座被遗忘的基督教岛屿提供援助。

马穆鲁克派出5000多名远征军，186艘军舰，塞浦路斯国王的军队远不是马穆鲁克的对手。7月4日，马穆鲁克人第二次占领利马索尔，将该城洗劫一空。7月7日，马穆鲁克击溃了塞浦路斯军队，占领了该国首都尼科西亚并将其洗劫一空。雅努斯落入马穆鲁克人之手，2000名塞浦路斯俘虏被作为奴隶卖到埃及。雅努斯同意塞浦路斯成为马穆鲁克苏丹的附庸国，又缴纳了大量赎金，才重获自由。

白尔斯贝统治时期的另一件大事是重新获得了曾在麦加谢里夫①管辖之下的伊斯兰教圣地的控制权。

白尔斯贝还在努比亚与贝都因部落作战。1360年前后，贝都因部落曾被派去洗劫努比亚的基督教王国，但随后，他们脱离了埃及当局，切断了从红海的古赛尔通往尼罗河的路，从而中断了这条路上埃及与亚洲的香料和丝绸交易，贸易不得不在埃拉特和西奈进行。

面对这种情况，白尔斯贝一开始依靠札加瓦人将贝都因人赶出了上埃及。之后，他将从亚丁进入红海的香料贸易收归国有，充盈了马穆鲁克苏丹国的财政。马穆鲁克的属地吉达成为红海的主要港口，从此，来自亚洲的货物在这里被卸下，进行清点、征税，然后进行销售。

马穆鲁克摆脱了外部威胁，成为该地区"独孤求败"的政权。但之后，马穆鲁克人陷入了无穷的血腥内斗中。

到1438年白尔斯贝去世时，马穆鲁克王国已经很强大了，但由于战争耗资巨大，苏丹又不断地压榨民众，向民众课重税以为战争提供资金，马穆鲁克王国已经走向了毁灭。白尔斯贝苏丹死后，他15岁的儿子尤素福继位，马穆鲁克开始衰落。不到一年后，即1438年，尤素福被废，65岁的马穆鲁克哲格

①麦加谢里夫一职创立于10世纪，目的是保证不同出身和派别的穆斯林都能自由进入圣地。

麦格 [1438 年至 1453 年] 夺权上位。哲格麦格试图夺取有着坚固的防御工事和骑士保护的罗得岛。1444 年 7 月，哲格麦格首次登陆罗得岛，但到了秋天，马穆鲁克仍没有取得任何进展，于是撤退了。1453 年年初，哲格麦格去世，将苏丹一位传给了儿子奥斯曼。然而，由于奥斯曼精神失常，几个月后就被废黜了。

新任苏丹伊纳尔 [1453 年至 1461 年] 曾在 1444 年罗得岛远征时指挥埃及舰队，继位时已年过古稀。伊纳尔之后，其子艾哈迈德 [1461 年] 继位。但是，由于艾哈迈德想深入改革马穆鲁克苏丹国，树敌无数，最终被废黜，库什塔拉姆 [1461 年至 1467 年] 上台执政。

1467 年，库什塔拉姆去世后，其子继位，但几乎立即就被推翻，马穆鲁克陷入血雨腥风，直到喀特贝 [1468 年至 1496 年] 上台才得以结束。喀特贝统治时间很长，功绩卓越，统治期间，马穆鲁克曾在小亚细亚边境与奥斯曼人对峙①。

---

①奥斯曼和马穆鲁克之间爆发战争的原因是穆罕默德二世 [1444 年至 1481 年，中间时有缺位] 的两个儿子——大儿子巴耶塞特和小儿子杰姆争权。1481 年，穆罕默德二世去世后，巴耶塞特掌权，但杰姆并不同意，他提议划分领土，巴耶塞特拒绝了这一要求，二人之间爆发了战争。杰姆战败后逃到奇里乞亚的塔尔苏斯避难，请求马穆鲁克苏丹国的保护。之后，杰姆前往阿勒颇，正式请求喀特贝给予他庇护。喀特贝接受了他的请求，1481 年 9 月，喀特贝在开罗热烈地欢迎了杰姆，支持他夺权，但这次战争杰姆失败了。

1496 年 7 月，由于当时年事已高（至少有 86 岁），喀特贝让位给他的儿子穆罕默德 [1496 年至 1498 年]。由于马穆鲁克派系之间相互争斗，埃及进入了一段黑暗的历史时期。在不到 5 年的时间里，有 5 位苏丹相继继位，结果都被推翻或刺杀。最后，在 1501 年的春天，坎素·格胡里 [1501 年至 1516 年] 成为新一任苏丹。坎素·格胡里统治期间新增重税，成功地在一段时间内恢复了马穆鲁克苏丹国的财政，保证了军队的现代化改造。当时，由于奥斯曼帝国对马穆鲁克的威胁越来越大，这也不失为一项应急措施。

马穆鲁克人不屑于使用火器。直到马穆鲁克苏丹国的最后几十年，他们才决定组建炮兵部队。由于炮兵人数不足、火器使用不当，马穆鲁克的炮兵部队总是不敌奥斯曼人。通常来讲：

"直到最后……火枪都很少被发给白人，发给马穆鲁克的就更少了。白人一直认为，使用火枪是一种有辱人格的行为。在马穆鲁克苏丹国末期，火枪甚至成为黑人奴隶，即社会底层男子独有的武器。火枪部队当时被称为'假军队''变种军队'，遭到鄙视和排挤。火枪部队的士兵收到的军饷也与其他部队不同，士兵们都不想与这个卑鄙的部落混在一起。"（Clot，1988）

在奥斯曼人崛起的同时，一个新的危险威胁着马穆鲁克——葡萄牙人出现在了印度洋上，这既影响了马穆鲁克的海上航行，又影响了马穆鲁克苏丹国的经济。好望角航线被发现后，印度洋海上航线的霸主葡萄牙人试图切断伊斯兰商人和亚洲市场的联系。

1506年，阿方索·德·阿尔布克尔克和特里斯坦·达库尼亚入侵并占领了索科特拉岛，次年，即1507年，霍尔木兹落入葡萄牙人之手。对埃及及其伙伴威尼斯来说，情况十分严峻。因为它们的大部分财富都来自红海和印度洋的海上贸易。

坎素·格胡里决定在海上对葡萄牙发起进攻，以便将其赶出印度洋。在威尼斯和奥斯曼人的帮助下，埃及开始建造船只。

1508年3月，印度爆发焦尔战役，葡萄牙印度总督弗郎西斯科·德·阿尔梅达的儿子洛伦索·德·阿尔梅达战死，葡萄牙舰队被突厥舰队摧毁。参战的突厥舰队是由在亚历山大港拆解并被运到红海岸边重新组装的大帆船组成。

葡萄牙立刻组织了反击。1509年2月3日，在第乌海岸，弗郎西斯科·德·阿尔梅达率领18艘军舰，击毁了由100艘船组成的突厥－埃及舰队[①]。随后，葡萄牙人乘胜追击，占领了巴林、马斯喀特和卡塔尔，之后控制了印度洋海域和与亚洲的贸易。

---

① 葡萄牙军队有火炮。

3. 马穆鲁克和奥斯曼

1512 年，奥斯曼苏丹巴耶塞特去世，其子塞利姆一世 [1512 年至 1520 年] 即位。1514 年春，塞利姆一世在凡湖地区打败了波斯军队，之后转而入侵马穆鲁克。1516 年 8 月，奥斯曼帝国和马穆鲁克苏丹国在阿勒颇地区展开决战。埃及军队有 6 万人，其中包括 1.2 万马穆鲁克，战斗非常激烈，马穆鲁克甚至两次击退奥斯曼人。然而后来，部分马穆鲁克人在哈伊尔贝伊的指挥下，加入了奥斯曼帝国的阵营，埃及的战线被打破。

在开罗，马穆鲁克新任苏丹即位，称图曼拜二世 [1516 年至 1517 年]，而奥斯曼人逼近了马穆鲁克最后的据点。1517 年 1 月 23 日，马穆鲁克成功地击退了突厥人，但一段时间之后，城市被攻破，两军在城内交战，战斗从街巷蔓延到家户。开罗沦陷后，图曼拜二世逃到西部绿洲，并在那里被俘。1517 年 4 月 13 日，图曼拜二世被绞死。

1517 年 1 月，奥斯曼苏丹塞利姆一世强迫马穆鲁克承认奥斯曼政权及其对埃及的统治，作为交换，塞利姆一世维持了埃及的政权体制和特权。在奥斯曼帝国的统治下，马穆鲁克继续管理埃及，塞利姆一世任命哈伊尔贝伊为总督（帕夏）管理埃及。1522 年，哈伊尔贝伊去世。

马穆鲁克苏丹的头衔被废除后，奥斯曼帝国朴特①开始任命埃及省的政治首脑，即副总督（瓦利或帕夏），副总督由两派或对立或联盟的官员协助：一派称奥卡克，即帝国军队（主要是耶尼切里军团②）及其军官，理论上讲他们直接依赖朴特；另一派由24位桑贾克贝伊，即各省（区）的首领组成，他们几乎都是马穆鲁克人，每个人都有自己归属的马穆鲁克部落。

24位桑贾克贝伊组成底万，从某种意义上说，底万就是埃及的政府，由帕夏主持。帕夏由奥斯曼苏丹任命，任期3年，他的权威很快就受到了挑战。

在奥斯曼帝国时期，马穆鲁克制度的原则发生了根本性的变化，这个终身制的战士贵族逐渐转变为一个世袭的统治阶层的姓氏。

奥斯曼人控制埃及之后，开始进攻印度洋地区的葡萄牙人。在这种情况下，1538年，埃及瓦利苏莱曼帕夏占领了亚丁，奥斯曼人则转移到了红海的马萨瓦，以便尽可能地控制与亚洲的贸易。

---

①奥斯曼帝国政府政策制定的地方常被称为"朴特"。奥斯曼朴特，也称最高朴特，得名于奥斯曼帝国首都君士坦丁堡大维齐尔官殿标志性的门（门，法语 la Porte，音近"朴特"——译者注）。
②耶尼切里军团是由基督教奴隶组成的职业军队。他们多来自巴尔干，从小就从家里被带走，被迫皈依伊斯兰教，并在最严格的军事纪律下长大。耶尼切里军团是奥斯曼帝国步兵的精英。

与此同时，奥斯曼人向西推进，直接与西班牙人及其在突尼斯的盟友哈夫斯对峙。塞利姆一世统治时期，奥斯曼帝国还征服了除摩洛哥以外的整个马格里布地区。

4. 宗派战争和马穆鲁克的衰落 (17 至 18 世纪)

16 世纪下半叶，朴特的权力削弱，马穆鲁克人再次发展起来。17 世纪，埃及经济危机变得越来越严重，饥荒长期肆虐，马穆鲁克贵族分裂成法凯瑞亚和卡西米亚两派，无政府状态延续。贝伊、马穆鲁克和耶尼切里军团各自统治着国家的一部分。权力的交替是通过暴力完成的，各派别轮流执政，就像我们在上文提到的马穆鲁克苏丹时代那样。

1631 年，24 位桑贾克贝伊，也就是 24 个省份的省长，推举他们之中的瑞德万·贝伊·埃尔-法凯瑞为临时摄政王。然而，1656 年，瑞德万突然去世，埃及再次进入无政府状态。伊斯坦布尔则放任埃及事务不管，放任埃及的各个派别，以便最大程度地降低自己在埃及的存在度，同时保证各个省份的纳税额。

18 世纪初，法凯瑞亚派经历了严重的内部危机，派别内部分裂，成员冲突不断，自相残杀，结果，组成法凯瑞亚派的耶尼切里军团实力被大大削弱。组成卡西米亚的马穆鲁克实力加强，然而，卡西米亚内部也遭遇了分裂。1718 年，法凯瑞亚派在激烈的争夺中重新获得了权力。

1768 年，阿里贝伊废除了土耳其的瓦利；1770 年，在吉达，阿里贝伊用埃及的贝伊取代了奥斯曼帝国的总督，以重建旧的马穆鲁克苏丹国。1773 年，阿里贝伊被他的养子穆罕默德贝伊刺杀。随后，埃及开始了长达 15 年的血腥冲突，在此期间，马穆鲁克内部的权力斗争导致了一系列的政变，在此不一一赘述。

奥斯曼朴特默许了这种情况，同时操纵各派别，并利用无政府状态来增加每年从埃及获得的税收（哈津）数额。

当时，伊斯梅尔贝伊、穆拉德贝伊和易卜拉欣贝伊互相争斗。穆拉德贝伊和易卜拉欣贝伊结盟，将伊斯梅尔贝伊赶下台，因为他得到了伊斯坦布尔的支持。之后，穆拉德贝伊和易卜拉欣贝伊间发生冲突，直到 1786 年才和解。奥斯曼苏丹担心自己的权威受到影响，决定控制局势，1786 年 7 月，一支由哈桑帕夏指挥的远征军在亚历山大登陆，击败了马穆鲁克人。

穆拉德贝伊和易卜拉欣贝伊逃往上埃及避难，埃及被一分为二。伊斯梅尔贝伊代表奥斯曼苏丹管理下埃及，上埃及则仍由两个反叛的马穆鲁克首领管辖。

1791 年，伊斯梅尔贝伊去世后，穆拉德贝伊和易卜拉欣贝伊重新控制了整个埃及。1792 年，他们与伊斯坦布尔就马穆鲁克王朝时期必须向苏丹缴纳的年度税款达成了一项协议。从那时起，朴特将埃及划给了他们。直到 1798 年法国进军埃及，无政府状态、压迫和危机才停止。正如我们将在下一章提到的，最初，埃及人民将法国的占领视为解放。

[第七章]

法国占领时期

[1798 年至 1801 年]

拿破仑·波拿巴远征埃及促使该国向民族国家演变，埃及逐步走向现代化。穆罕默德·阿里继承了拿破仑远征的成果，将埃及打造成奥斯曼帝国的一个强大对手。19世纪末，现代化的失败导致埃及背负了难以支付的债务，埃及沦为殖民地。

从拿破仑开始远征的1798年到1848年的这半个世纪里，埃及成为一个真正的民族国家，"东方问题"出现，奥斯曼人重新控制了的黎波里，而此时，突尼斯还觉得法国在阿尔及利亚建立殖民地是件好事。摩洛哥则被迫逐渐卷入了阿尔及利亚的争斗中，实力被进一步削弱。

1. 远征埃及的原因

从1798年7月年轻的拿破仑将军远征埃及起，到1801年

9 月法军撤离，法国只占领了埃及 3 年多一点的时间，却对埃及产生了深远的影响。在接下来的几年里，埃及经历了一次显著的觉醒，这是现代性在传统伊斯兰世界的第一次爆发。

意大利之役胜利之后，拿破仑的威信越来越高，督政府感觉受到了威胁。在被任命为反英军队的指挥官后，拿破仑在 1798 年 2 月 23 日的一份报告中指出，在缺乏对海洋控制的情况下，不能保证法国可以成功登陆不列颠群岛。因此，他建议在汉诺威直接打击对手，或者在埃及间接打击对手。

1797 年 7 月 3 日，塔列朗在法兰西学院发表讲话，谈到法国可以从征服包括埃及在内的新殖民地中获得的好处。1798 年 1 月，这位前欧坦主教再次在督政府面前提及征服新殖民地的好处。塔列朗认为奥斯曼帝国会在一段时间后覆灭，他承认，在欧洲，奥斯曼帝国覆灭后战利品将归属奥地利和俄国，但他也主张法国应该占有埃及、克里特岛和爱琴海的部分海域。

就当时而言，远征埃及的目标在很大程度上是不可能实现的，远征军只能从海上到达埃及，而这十分危险。如果说征服埃及不是自杀式的行动，它至少是荒诞的：

"……让共和国最优秀的士兵和最优秀的将军登上随时有可能被英国人击沉的舰队，而此时欧洲大陆上新的反法联盟对法国的威胁正变得越来越大；一边借口征服新殖民地的必要性，一边宣称各民族都有权决定自己的事务；在没有宣战的情况下

128

攻击一个国家，同时以科学研究为借口来掩盖这种入侵行为；在酷热的 7 月登陆埃及，可我们的装备还不适应当地气候。1798 年的这一切都引人思考，我们为何要进行这种自杀式的行动？"（Tulard，1983）

1798 年 3 月 5 日，当督政府最终授权拿破仑远征埃及时，取得了里沃利战役胜利的拿破仑不得不接受组建军队的挑战：此时的法国海军已经在大革命时期元气大伤，而出征埃及还需要迅速组建一支由近 300 艘船组成、能够运送 38000 名远征军士兵和 1000 门火炮的舰队[①]。

远征埃及的科学任务

除了远征应该实现的军事、政治和经济目标外，法国远征军还要完成一项科学任务，这项任务使这次远征成为一次伟大的探索和发现之旅，可与 18 世纪太平洋远征、南美远征及西伯利亚远征相媲美。

科学与艺术委员会随军出征，组成埃及研究所。其领导人和成员包括数学家蒙日、化学家贝托莱、几何学家傅里叶、地质学家多洛米厄、博物学家若弗鲁瓦·圣

---

①需要用从威尼斯缴获的军舰来组建和装备远征埃及所必需的舰队。

> 伊莱尔、考古学家乔迈尔、军医德斯热内特、化学家和
> 气候专家孔戴，以及艺术家维旺·德农和雷杜德等。

由于远征的绝密性，其准备工作进行得迅速而谨慎。虽然任务巨大，但拿破仑还是设法在不到 3 个月的时间内完成了准备工作。英国人不知道集结在土伦的舰队目的地在哪儿，也不知道舰队会在途中得到来自热那亚、科西嘉和奇维塔韦基亚的船只的支援。在拿破仑的精心策划下，部队调动和登船都很顺利。

1798 年 5 月 3 日至 4 日夜间，拿破仑离开了巴黎，并于 9 日抵达土伦，18 日登上了"东方"号，第二天与所有船只一起起航，与前一天离开港口的轻型舰队和运输舰队会合。

幸运的是，密史脱拉风吹散了英国海军将领部署在耶尔群岛的船只，纳尔逊不得不撤到意大利的圣彼得罗港修复他的损失。6 月 9 日，法国舰队到达马耳他，与德赛将军前一天从奇维塔韦基亚带来的船队会合。法国人占领了马耳他岛，在岛上驻军 3000 人，并于 6 月 16 日再次起航，向东南方驶去。7 月 1 日，法国舰队到达亚历山大港，而两天前，来到亚历山大港追击法国舰队的纳尔逊见到港口没有一艘法国军舰，又急忙离开了。

7 月 1 日至 2 日夜间，4000 人登陆亚历山大港西部的马拉

布特湾（阿拉伯塔），拿破仑将军迅速与他们会合，命令军队立即向亚历山大港进军。

天一亮，士兵就被炎热和口渴折磨，法国部队的进攻比预期的更为困难。但法军只遭遇了当地的短暂抵抗，到了7月2日上午11点，亚历山大港就落入了法军手中，法军以40人战死的代价获得了胜利。7月6日，军队又开始了行军。拿破仑在亚历山大港和罗塞塔留下了几千驻军，命令受伤的克莱贝尔和梅诺指挥驻军。

由于亚历山大港的锚地过浅，布吕埃斯上将无法在亚历山大港登陆，于是选择将舰队停靠在了阿布基尔。佩雷船长接到委托，负责组建一支装满弹药和补给品的船队，船队从拉曼尼亚出发，沿着尼罗河向上游航行，追赶徒步行进的部队。7月10日，船队补给送达。与尼罗河船队会合后，所有部队完成会合，军队于7月12日恢复行军。两天后，舒卜拉希特战役中，法国占据了有利地位。法国人组成方阵，炮火齐射，穆拉德贝伊领导的1200名马穆鲁克人节节败退。

7月20日，军队距离开罗只有一天的路程了。穆拉德贝伊召集了所有的马穆鲁克骑兵，并以阿拉伯骑兵队和步兵队、1000名耶尼切里军团士兵为后盾，组成了代表奥斯曼苏丹任命的埃及帕夏的卫队。穆拉德贝伊将他的营地驻扎在开罗和吉萨金字塔之间的尼罗河左岸。7月21日凌晨2点，法国军队兵分五路开始行动，天亮时进入了敌人的视野。马穆鲁克人的冲锋被德赛、雷尼埃和杜瓜3个师组成的方阵击溃，而邦和梅诺率领的两个师则攻占了恩巴贝堡。受伤的穆拉德贝伊放弃了战斗，带着3000名马穆鲁克人向南撤退，而在尼罗河右岸，另一个马穆鲁克首领易卜拉欣贝伊也撤退了。金字塔战役中，法国取得了完全胜利，法军只有100多人的伤亡，但敌人的尸体成千上万地堆在阵地上。

当代表苏丹的帕夏也撤退后，曾在吉萨设立军事总部的拿破仑与开罗的贵族进行了谈判。7月24日，为了说服埃及民众，拿破仑在这座拥有30万居民的城市散发了一份用阿拉伯文写成的公告，之后进入该城。

克莱贝尔负责管理三角洲，德赛被任命管理上埃及，拿破仑则管理开罗和中埃及。每到一处，拿破仑都会要求与当地的显贵进行合作。

2. 拿破仑被远征所困

由于布吕埃斯海军上将的舰队被摧毁，金字塔战役的胜利被大打折扣。当时，布吕埃斯上将的舰队正在等待攻占开罗的指令以向科孚岛进发。8月1日，舰队停靠在阿布基尔港的一个微妙的位置时遭到了纳尔逊偷袭。"东方"号爆炸时，布吕埃斯上将也战死在船上。法国舰队原有 13 艘战舰、4 艘护卫舰和 8000 名船员,战斗中法国损失了 11 艘战舰、2 艘护卫舰,3000 多名船员伤亡,损失比英国人大 4 倍。

由于失去了与法国的联系,也失去了向叙利亚进军时可以提供支持的舰队,法国的埃及远征军发现自己反倒受困于这次战争。

然而,拿破仑并不气馁,他既想击溃退到东北的易卜拉欣贝伊,又想向南追击穆拉德贝伊。

8 月 11 日,易卜拉欣贝伊的部队在萨勒海耶被法军击溃;8 月 24 日,德赛在开罗北部的小村庄布拉克登陆,带领 3000 名士兵平定上埃及。10 月 7 日,穆拉德贝伊率领的马穆鲁克人再次战败。德赛在达曼胡尔再次获胜后,法国军队沿着尼罗河河谷向开罗以南 800 千米处的阿苏特进发,穆拉德贝伊被迫逃到沙漠中。

与此同时,拿破仑开始征服埃及民众,通过举办宴会来吸引开罗的居民,并且从不放过任何一个机会来显示他对伊斯兰教的关注,但法国军队仍被视为一支占领军。一方面,奥斯曼苏丹向法国宣战(1798 年 9 月 9 日);另一方面,英国宣传部门也在散布谣言。这些都是 10 月 21 日开罗叛乱的原因。

镇压叛乱的过程中,单打独斗的法国人战死了:桥梁和道路的工程师泰维诺和杜瓦尔在保卫卡法雷利将军的房子时牺性；杜普伊将军没有预料到叛乱的严重程度，也被杀了；而邦将军用大炮轰炸大街，迫使叛乱分子撤退到爱资哈尔清真寺，从而躲过一劫。

22 日，叛乱被逐步击破。这场战争使 300 名法国人丧命——其中就包括拿破仑最喜欢的副官苏尔库斯基——但与此同时，也有成千上万的叛军被杀。法国选择与埃及和解。镇压结束后，拿破仑进行了赦免，只惩罚了叛乱的始作俑者和被定罪的抢劫犯。

拿破仑相对宽松的管理政策取得了成果，特别是当他在 8 月 22 日成立的埃及研究所的帮助下，继续改造和"复兴"埃及的巨大事业方面，无论是在灌溉工程、道路开发、建造医院还是在建立各种工厂上都取得了成绩。拿破仑还注重从管理军队人手，组建了科普特军团、希腊军团和一个由埃及人组成的东方猎手营等辅助性部队。

3. 巴勒斯坦战役到拿破仑时期的终结

奥斯曼帝国苏丹的参战开辟了一条新的战线，1799 年 2 月 10 日，拿破仑带领由 13000 人组成的 4 个步兵师（分别由克莱贝尔、邦、雷尼埃和拉纳指挥）和 1 个骑兵师（由缪拉指挥）离开开罗，向叙利亚进军。

2月14日至15日夜间，雷尼埃指挥的步兵师在阿里什痛击了土耳其阿卡帕夏的部队，次日，敌军投降了。2月25日，法国占领加沙地带。2月27日，法国占领雅法。由于此前法国一名议员被暗杀，愤怒的法国人在雅法进行了大屠杀。此时，阿里什地区已经暴发了黑死病。尽管军医德斯热内特采取了预防措施，但4天后，瘟疫还是开始在军队中流行了。

为了恢复士气，拿破仑亲自去看望生病的军人，格罗以此为主题，创作了他最著名的画作之一①。3月18日，为了攻占阿卡，法国军队驻扎在迦密山脚。阿卡由土耳其将军"贾扎尔"帕夏②和菲利普③守卫，由悉尼·史密斯准将的舰队为他们提供火力支持。4月6日，法国将领朱诺以敌方1/5的士兵数在拿撒勒战役中获胜。

4月16日，经过一天的战斗，拿破仑前来支援克莱贝尔指挥的步兵师，拿破仑暂停了几小时对阿卡的围攻，在塔沃尔山痛击大马士革帕夏的部队。4月24日，法军再次攻击阿卡，但

---

①安托万－让·格罗（Antoine-Jean Gros，1771年3月16日—1835年6月25日），法国新古典主义画家。拿破仑指定格罗为他绘制他视察雅法的鼠疫病院的画作，于是格罗在1804年完成了《拿破仑视察雅法鼠疫病院》。——译者注
②"贾扎尔"（Djezzar）意为"屠夫"。这个昵称是由这位来自波斯尼亚的土耳其将军的士兵起的。
③菲利普是一名在英国军队服役的法国移民，拿破仑在军事学校任教时，菲利普曾是他的学生。

此次战役没有成功，卡法雷利将军也在此次战役中牺牲。5 月
8 日至 10 日，法国最后一次尝试进攻失败，尽管法军击溃了
被包围的敌军，但也不得不撤退。

由于担心奥斯曼军队很快会在埃及登陆，5 月 21 日晚，法
国将在叙利亚作战的部分军队撤回埃及。1799 年 6 月 14 日，
法军返回开罗①，但在 2 月离开埃及的 13000 人中，有 5000 人
已经战死。拿破仑现在只有 8000 名士兵，是一年前登陆人数
的一半，而且，由于欧洲目前形成了一个新的反法同盟，拿破
仑无法得到督政府的任何支持。

7 月 14 日，拿破仑得知 20000 名土耳其人已经在阿布基尔
登陆，随后在亚历山大港集结了法国军队。7 月 25 日，土耳其
军队战败。8 月 2 日，阿布基尔的最后一批土耳其守军被迫投
降。法国军队只损失了 100 多名士兵。

埃及战场取得了完全胜利，但拿破仑已经知道了欧洲发生
的事件。儒尔当在施托卡赫战败，以及谢雷、莫罗和麦克唐纳
在意大利战败，这意味着法国再次面临被入侵的危险，远征军
团的指挥官拿破仑开始思考要不要返回法国。

拿破仑借口视察杜姆亚特，极其谨慎地为离开埃及做准备。

---

① 1799 年 8 月 11 日，开罗为胜利者举行了凯旋仪式：3000 名土耳其俘虏和
100 多面旗帜——包括俘虏穆斯塔法帕夏的三尾旗——足以让城市的居民印象
深刻。

8月17日，他与15名最亲密的下属离开开罗，23日登上"拉穆朗"号护卫舰离开埃及。拿破仑离开时任命克莱贝尔接替他指挥远征军，在留给他的指示中授权克莱贝尔，如果局势严重恶化，可以与奥斯曼苏丹缔结和平协议，"即使是以撤离埃及为代价"。

1799年10月29日，悉尼·史密斯准将率领7000名土耳其近卫军士兵和53艘船组成的舰队，在尼罗河河口登陆。当时，在杜姆亚特指挥战斗的法国将军维尔迪耶反应迅速，只用了1000多人就击退了土耳其部队。1800年1月24日，经德赛、普西尔格与奥斯曼人谈判，克莱贝尔在阿里什签署了一项协议，协议规定法国军队撤到亚历山大、罗塞塔和阿布基尔，以便返回法国。

在伦敦政府的要求下，悉尼·史密斯反对签署这一协议，要求法军直接投降。克莱贝尔拒绝了这种要求，表示"这种无礼只能用胜利来回答"。

然而，情况并不乐观，因为奥斯曼帝国的维齐尔正率领一支7万人的军队从阿里什出发。于是，克莱贝尔把再次爆发起义的开罗城抛在身后，带着他仅剩的1万人出发作战，赢得了赫里奥波利斯之战的胜利。

博耶将军描述的赫利奥波利斯之战的胜利

"3月25日黎明时分，我们的纵队出动，向奥斯曼军队发起了猛烈的攻击。敌方1万多人组成的前锋首先被击破，快速撤退到了已是一片废墟的赫里奥波利斯，与驻扎在那里的剩余部队会合。我们很快就阻止了这一行动，60门大炮打乱了奥斯曼部队的秩序和战术，带去了恐怖和死亡，而恐惧的心情则支配着这些人。在1小时的时间里，一切都变得混乱、无序和溃散，我们的士兵已经杀累了，大炮到处散布恐怖和死亡，维齐尔已经逃跑，他的军队被完全击溃，军人们跑向农田，扔下了所有的营地、大炮、行李和弹药，希望能活下来。穆拉德，我们忠实的盟友，为他在朴特遭受的一切不幸，向法军提出由他来消灭剩余部队，克莱贝尔拒绝别人与他分享胜利的果实，大肆屠杀败方的逃兵……为了确保能消灭奥斯曼帝国维齐尔的所有部队，阿拉伯人抢走了他们负责在沙漠中运水的骆驼……奥斯曼部队陷入绝望，损失惨重，沙漠中到处都是尸体，这些尸体却仍被骑兵当作指路的标记，只有不到1500人从赫里奥波利斯的惨败中逃脱，维齐尔本人能获救只是因为他对自己的保护，以及他第一时间逃离战场的决心。"

克莱贝尔一取得胜利，就返回开罗，在法军的忠实盟友穆拉德贝伊的帮助下，粉碎了开罗的叛乱。

由于无法击败法国人，奥斯曼人和英国人采取了其他方法，1800年6月14日，克莱贝尔被暗杀了。在他去世前几天，他在给督政府的最后一份报告中写道："虽然从表面上看，埃及的叛乱被平定了，但实际上，平定叛乱还远远不够，现实中埃及仍存在许多反法因素。"

阿卜达拉·梅诺[①]将军是当时法国军队中资历最高、级别最高的将领，他娶了一位埃及女子，皈依了伊斯兰教。克莱贝尔死后，梅诺将军接替了他的职位，但梅诺将军并没有指挥作战的能力。

1801年3月8日，由阿伯克龙比将军率领、由16000人组成的英国舰队在阿布基尔登陆。3月23日，梅诺率领9600人抵达亚历山大和阿布基尔之间的克诺珀斯。由于梅诺暴露了法军的弱点，即使阿伯克龙比将军在战争中牺牲了，战局还是转为对英国人有利。

梅诺损失了1/3以上兵力，退守亚历山大城，但战局并未发生转机。1801年6月27日，留在开罗的贝利亚尔将军同意与英国和奥斯曼代表进行谈判，并签署了投降书。

————————————

① 真名为雅克–弗朗索瓦·德·梅诺，布赛男爵。

13000 名法国士兵和 700 名由科普特人、希腊人和马穆鲁克人组成的辅助部队离开开罗，前往杜姆亚特，坐船并被遣返法国，没有带走任何东西——除了克莱贝尔的遗体。梅诺没等来预想的支援，于 9 月 2 日被迫投降。从远征埃及开始，法国占领亚历山大城共计 3 年零 2 个月。

远征埃及虽然以失败告终，但这次远征远不止一场徒劳的军事行动，也不只是拿破仑史诗的其中一页。法国从 18 世纪末开始对埃及产生的兴趣，因一次远征而倍增，科学发现在其中的重要性不言而喻。科学家和考古学家是重新发现法老世界的先驱，正是 1799 年 8 月由工程兵军官皮埃尔·弗朗索瓦·泽维尔·布沙尔出土的罗塞塔石碑，后来使商博良揭开了象形文字之谜。

弗朗索瓦·查尔斯－鲁（1936 年）勾勒出了法国占领 3 年来的成果：1798 年夏天起，在德斯热内特和拉雷的推动下，埃及建立了 4 家军医院，为后来科学医学在该国的发展做了准备。在行政方面，法军在埃及进行了人口普查，根据土地的大小和质量公平地分配税收，由此，埃及人第一次摆脱了马穆鲁克人随意征税的制度。在埃及研究所的支持下，埃及开始租赁海关，改善灌溉，工程师勒贝尔为开凿一条通过苏伊士地峡连接地中海和红海的运河做了准备工作。这些都是为了使埃及实现现代化和快速发展①。

　　尽管法国占领埃及的时间很短，但这仍是埃及历史上的一个决定性阶段，为埃及在穆罕默德·阿里统治下的崛起做好了准备。

---

①一些有学识的穆斯林也能够正确评估法国人的入侵对埃及产生的积极影响。约瑟夫·库克神父于1979年出版的《开罗名人日记》是研究这一问题的宝贵资料。法国人占领开罗时，阿卜杜·拉赫曼·贾巴尔迪已经逃离了这座城市，但在拿破仑的利诱下，贾巴尔迪很快就回到了埃及，并成为占领当局设立的第三底万的成员。他认为，法国占领埃及将使国家摆脱马穆鲁克人的祸害，并为埃及的现代化铺平道路。然而，贾巴尔迪并不能代表全体埃及人民的观点。由于英国的封锁，通过地中海进口的产品价格提高了，人民的生活水平下降了。

[第八章]
从穆罕默德·阿里到英军占领埃及

[1805 年至 1882 年]

法军撤离埃及后，奥斯曼帝国的霍斯劳帕夏被任命到开罗，埃及再次成为奥斯曼帝国的一个省份，而不再像马穆鲁克苏丹时期那样是一个独立的国家。然而此时，埃及的精英已经具有真正的民族意识，不再满足于这种法律地位。穆罕默德·阿里巧妙地利用了这种情况，发展了埃及的民族主义。

1. 穆罕默德·阿里：从苏丹的忠臣到苏丹的对手

1769 年，穆罕默德·阿里出生在马其顿的卡瓦拉。由于奥斯曼帝国苏丹希望重新统治埃及，他将拥有希腊血统的奥斯曼臣民穆罕默德·阿里派往埃及，在一个阿尔巴尼亚军团中担任军官。1801 年 3 月，当穆罕默德·阿里登陆埃及时，马穆鲁克的两大首领奥奇曼·巴尔迪斯和穆罕默德·艾尔菲已经开始与霍斯劳帕夏开战，霍斯劳帕夏战败。穆罕默德·阿里借机与马穆鲁克结盟，并于 1804 年 5 月当选为开罗的帕夏，然后于 1805 年宣布自己为埃及总督。奥斯曼朴特承认了这次政变，并于 1805 年 6 月 18 日任命穆罕默德·阿里为帕夏，以换取经济利益。

穆罕默德·阿里试图与法国建立良好的关系，甚至依附于法国，而这激起了英国的不满，使得英国想要废黜他。

1807 年年初，俄国人占领了摩尔达维亚公国，以保卫罗马尼亚人，抵抗土耳其人，奥斯曼朴特向俄国宣战。英国由于已与俄国结盟，也被卷入了这场冲突。因此，法国和奥斯曼帝国的关系变得更加紧密。

英国人担心拿破仑会再次远征埃及，而且这次还是在奥斯曼帝国苏丹的支持下。他们不想冒任何风险，于是，1807 年 3 月 19 日，英国人占领了亚历山大港，然后试图夺取罗塞塔港，但穆罕默德·阿里的军队击退了英军。1807 年 4 月 21 日，英军决定撤离亚历山大港。战胜一支现代欧洲军队极大地提高了这位新帕夏的威望。

与此同时，奥斯曼帝国新苏丹马哈茂德二世 [1808 年至 1839 年] 上任，但他无法在阿拉伯重新建立朴特的权威，此时瓦哈比教部落在阿拉伯地区发起暴动①。

由于无政府状态正在整个阿拉伯属地蔓延，土耳其人不得不行动。奥斯曼帝国的苏丹发现，各地都爆发了起义，他的权威受到了挑战。由于他无法用军事手段进行干预，苏丹要求他在埃及的"封臣"代替他平定叛乱。苏丹请求穆罕默德·阿里出面，答应如果他出兵平定叛乱，就任命其执掌叙利亚。穆罕默德·阿里仍然不愿出兵。1811 年 1 月，马哈茂德二世提出，穆罕默德·阿里可以世袭拥有埃及，他才接受了苏丹的出兵请求。

穆罕默德·阿里最终接受了苏丹马哈茂德二世的请求，对阿拉伯属地进行军事干预，但在此之前，由于穆罕默德·阿里再也无法忍受马穆鲁克不断的阴谋活动，他开始着手彻底解决马穆鲁克问题。然而，在 1810 年，穆罕默德·阿里和那些尚未投降的马穆鲁克贝伊之间签订了一项和平条约。根据该条

---

①阿拉伯问题诞生于 18 世纪，当时阿拉伯传教士穆罕默德·阿布杜勒·瓦哈比认为伊斯兰教已经腐朽，负责伊斯兰教圣地的哈希姆政客已经腐败，于是瓦哈比发起了一场净化伊斯兰教的再生运动。瓦哈比被赶出麦加后，来到内志的沙漠，受到贝都因首领穆罕默德·伊本·沙特的欢迎，沙特将瓦哈比的宗教观点视为扩大其权力的手段，将瓦哈比主义作为自己征服意志的理论依据。伊本·沙特很快就控制了阿拉伯半岛的大部分地区，然后继续向北进攻，声称他要把阿拉伯人从奥斯曼帝国的统治中解放出来。他的梦想在伊拉克破灭了，1801 年，卡尔巴拉战役时，贝都因人亵渎了侯赛因的坟墓，导致什叶派成为伊本·沙特坚定的对手。

约，马穆鲁克人必须在开罗居住，并有义务缴纳土地税，作为交换，埃及将归还马穆鲁克被没收的财产。于是，马穆鲁克人都到了埃及，受到了很好的接待，甚至收到了埃及帕夏穆罕默德·阿里送来的丰厚的欢迎礼物。

与此同时，阿拉伯战役的准备工作正在紧锣密鼓地进行，穆罕默德·阿里的长子图松被任命为远征军的指挥官。1811年3月1日，埃及将为他举办盛大的欢送仪式，之后，图松就会从埃及出发开始远征。正是在这个时候，埃及发生了对马穆鲁克人的屠杀。

博耶将军描述的对马穆鲁克人的大屠杀

"图松帕夏的欢送仪式有固定的流程，他要接受授勋大衣，声势浩大地穿过城市，前往胜利之门边的营地。所有民事和军事部门都知道仪式的时间，前一天晚上还特别邀请了首领和马穆鲁克盛装出席。

"1811年3月1日上午，所有人都上了城楼……总督就在他的大接待厅里等待着他们前来述职。他让人给他们送咖啡，并与他们交谈。整个队伍集合完毕后就出发了，每个人都按照司仪分配给他的任务行事……纵队的首领被命令向阿扎布门走去……通向它的道路是在岩石上开凿的，因而狭窄、陡峭而难行，某些拐角十分狭小，无法让两个骑手并排通过。萨伊赫·科赫关闭了大门，并向他的部队传达了总督的命令：消灭所有马穆鲁克人……阿尔巴尼亚人立即掉转方向，爬上了占据道路的石障顶部，以更好地防守和攻击……马穆鲁克人……被逼入绝境，处境艰难，甚至无法驾驭他们的马匹。看到许多马穆鲁克人死伤后，幸存的战士下了马，决心自卫。攻击他们的部队利用房屋内部的掩护，没有一人暴露。手持刀剑的马穆鲁克人投降了，诅咒着他们的敌人……没有一个马穆鲁克人逃过大屠杀……

"大屠杀之后，阿尔巴尼亚和土耳其士兵组成的队伍从城堡上下来，在城市中扫荡，他们洗劫了马穆鲁克人的房屋，强奸了妇女，撕掉了她们的衣服，对这些毫无防备的女性进行报复……屠杀过后，谋杀和掠夺持续了好几天……对马穆鲁克人的搜寻仍在继续……他们没有放过任何一个马穆鲁克人，几个年过百岁的马穆鲁克人也惨遭屠杀。总督写信给各省指挥官，要求他们逮捕并处死所有散布在村庄里的马穆鲁克人；他们的头颅被送到开罗示众……所有的头颅都被剥了皮……送往君士坦丁堡……从各省抓来的174名马穆鲁克人被押送到开罗，被活活烧死，他们的头被砍下来，尸体被扔进尼罗

> 河。就这样，这支盛极一时的勇敢民兵队伍被消灭了。除了法国的英勇和战术，无法被任何力量征服的英勇的军队，被消灭了。"

　　阿拉伯战役分双线进行。在北部，奥斯曼帝国的军队将瓦哈比派赶出了伊拉克，而在南部，穆罕默德·阿里在阿拉伯当地展开了军事行动。1812年，他的两个儿子图松和易卜拉欣先后占领了麦地那、吉达和麦加。随后，军队继续进攻汉志。1815年塔伊夫战役中，起义军被击溃，其新任首领阿卜杜拉被俘。阿卜杜拉被押送到伊斯坦布尔，被马哈茂德二世关在笼子里，在首都游街示众3天，然后在圣索菲亚大教堂前被公开斩首。伊本·沙特家族的幸存者随后撤退到沙漠，到了利雅得附近的迪尔－阿贾卜，暂时逃过一劫[①]。

　　1820年起，穆罕默德·阿里将注意力转向努比亚，即今天的苏丹，并任命他的第3个儿子伊斯梅尔征服努比亚。努比亚国家中最重要的是丰吉，其首都是森纳尔，1820—1821年间，埃及征服了丰吉。再往南，在法绍达地区，埃及人开始攻打希卢克人，而后者进行了坚决的抵抗。1822年，伊斯梅尔在一次交锋中被活活烧死。

---

① 1902年，瓦哈比主义惨败后触底反弹，开始在整个阿拉伯地区传播。

同年，穆罕默德·阿里收到了马哈茂德二世新的求助请求：帮他制服希腊和克里特岛的叛乱①。1823年，他同意向苏丹提供援助，并向克里特岛派出一个中队和几个团。克里特岛的叛乱暂时平息了。

随后，马哈茂德二世请求穆罕默德·阿里镇压莫雷（伯罗奔尼撒）和基克拉泽斯群岛的独立战争。穆罕默德·阿里的二儿子易卜拉欣和他的副手苏利曼帕夏②指挥远征军，控制了伯罗奔尼撒半岛，1824年到1828年，埃及人一直占领着该地区，但是，希腊起义军设法守住了伊兹拉岛。奥斯曼舰队由89艘埃及军舰和40艘土耳其军舰组成，由于船员作风散漫，没有经过什么训练，1827年10月29日，纳瓦里诺海战中，奥斯曼舰队被法英舰队打败③。

---

① 1821年，希腊爆发了叛乱；1822年，第一届国民大会宣布希腊独立，奥斯曼帝国对此做出了强势反击，其军队收复了迈索隆吉翁和雅典。1827年，法国、英国和俄国加入了战争。1829年，俄、土签订《亚德里亚堡条约》，宣布希腊独立。1830年，在英、法、俄的要求下，奥斯曼帝国接受了《伦敦议定书》，承认希腊独立。
② 苏利曼帕夏原名约瑟夫·安特莱姆·塞夫，是一位法国军官。他于1788年出生于里昂，曾参加过对俄战争。在百日王朝期间，他是格罗奇参谋部的一名中尉。后来，苏利曼帕夏离开了复辟时期的法国军队，去了埃及，而穆罕默德·阿里正在寻找欧洲教官来完成军队现代化。
③ 失去了舰队的穆罕默德·阿里后悔没有听从那些让他不要干预希腊战争的强国使节的意见。1828年，穆罕默德·阿里从莫雷撤军。

作为对他在阿拉伯、克里特岛和希腊的帮助的回报，穆罕默德·阿里要求得到叙利亚的统治权，而马哈茂德二世拒绝了他的要求。1831年，穆罕默德·阿里与马哈茂德二世决裂，转而入侵巴勒斯坦，然后派他的儿子易卜拉欣征服叙利亚。1832年4月8日，埃及人占领了的黎波里（叙利亚），并向霍姆斯进军，将奥斯曼军队赶出了叙利亚。俄国和法国迫使交战方停战，要求双方签署《屈塔希亚条约》（1833年5月）。由于穆罕默德·阿里已经获得了整个叙利亚的统治权，条约承认了穆罕默德·阿里在叙利亚的统治，将叙利亚划分给埃及。

对奥斯曼朴特来说，这一要求是不可接受的。1839年，在英国的推动下，奥斯曼苏丹再次与穆罕默德·阿里开战，6月24日，穆罕默德·阿里的儿子易卜拉欣击溃了土耳其军队。1840年，英国外交大臣帕麦斯顿成功地扭转了局势，组建了一个联盟，以便迫使穆罕默德·阿里放弃对叙利亚的统治。

随后，英国的政策给已经很严峻的东方问题再次蒙上了阴影，甚至挑起了一场严重的国际危机。1840年2月底，法国议会主席、外交部长阿道夫·梯也尔就明确表示，支持穆罕默德·阿里。问题的根源在于，帕麦斯顿认为埃及和法国早已建立联系，因此不希望埃及统治叙利亚。法国已经占领了阿尔及利亚，如果埃及再占领叙利亚，那么法国在地中海可能会占据主导地位。此外，帕麦斯顿希望避免奥斯曼帝国的分裂，以防分裂后的奥斯曼帝国一半受到俄国的控制，而另一半，即埃及附近地区，受到法国控制。

梯也尔拒绝与其他列强谈判，并试图让奥斯曼苏丹直接和穆罕默德·阿里进行谈判。帕麦斯顿则突然决定采取行动，1840年7月15日，英国、普鲁士、俄国、奥地利和奥斯曼朴特撇开法国，签署了《伦敦协定》。

根据该公约，穆罕默德·阿里获得了埃及的世袭统治权①，他个人也获得了叙利亚南部不可转移的终身统治权。然而，穆罕默德·阿里不得不立刻放弃其他所有的财产，包括克里特岛和阿拉伯的圣城。他有10天的时间考虑是否接受这些条款。一旦穆罕默德·阿里拒绝，他就将失去优势，英国和奥地利的舰队也会封锁埃及的港口。事实上，埃及几乎是被迫再次成为奥斯曼帝国的一个省。

2. 国际危机和现代埃及的诞生

10天期限已到，1840年9月15日，奥斯曼苏丹废黜了穆罕默德·阿里，并在开罗任命了另一位帕夏。这一决定引发了

----

①奥斯曼苏丹承认埃及总督穆罕默德·阿里的地位，这标志着阿拉伯民族的概念与伊斯兰帝国或者说哈里发的概念开始出现分歧。

新的国际危机。法国外交部部长阿道夫·梯也尔代表法国对英国政府进行了有力的干预，强调地中海东部的权力平衡取决于奥斯曼苏丹和埃及总督的权力平衡。与此同时，叙利亚爆发了几场反埃及的起义，土耳其军队在英国远征军的增援下展开了攻势，而英国海军则封锁了埃及海岸。

为了不使法国走投无路，也因为英国不希望奥斯曼帝国变得过于强大，帕麦斯顿要求苏丹重新任命穆罕默德·阿里为埃及的帕夏。与此同时，英国远征军首领亨利·奈皮尔准将直接与穆罕默德·阿里进行了谈判，穆罕默德·阿里同意从叙利亚撤军，以换取他的后代在埃及的世袭统治权。

奥斯曼苏丹只能向英国的决定妥协，但他还是提出了两个条件：将埃及军队的兵力减少到18000人，以及增加埃及每年向苏丹支付的贡金。

危机就这样以有利于英国的方式解决了，英国暂时成功地维持了地中海东部的状况，同时进一步维护了英国在地中海东部的势力，驱逐了法国势力。

1848年3月，患病的穆罕默德·阿里被免职，奥斯曼朴特颁布法令，任命他的儿子易卜拉欣为帕夏。

穆罕默德·阿里本希望埃及实现独立，同时维持与奥斯曼帝国的关系，而易卜拉欣则希望切断埃及与奥斯曼帝国的所有联系，然后取代奥斯曼帝国，使埃及成为现代新伊斯兰帝国的中心。然而，他并没有时间将这一政策付诸实施。1848 年 11 月 10 日，在执政仅 7 个月后，易卜拉欣去世了。他的父亲穆罕默德·阿里也于 1849 年 8 月 2 日去世了。

易卜拉欣的继任者是穆罕默德·阿里的孙子、图松之子阿拔斯一世 [1848 年至 1854 年]。作为一名激进的民族主义者，阿拔斯一世希望降低法国人对埃及的影响，他统治的时期也被称为"法国对埃及影响的衰退"时期。他与英国维持着良好的关系，1851 年，阿拔斯一世授权英国人建造亚历山大—开罗铁路。他结束了与奥斯曼帝国对抗的政策，选择说服朴特给予埃及越来越高度的自治权。1853 年，在克里米亚战争开始时，阿拔斯一世还派部队与奥斯曼苏丹的部队并肩作战。

1854 年，阿拔斯一世遭到他的两个奴隶暗杀身亡。

阿拔斯一世的继任者是他的一位叔叔，穆罕默德·阿里的儿子穆罕默德·塞伊德 [1854 年至 1863 年]。穆罕默德·塞伊德与斐迪南·德·雷赛布有着良好的关系，1854 年 11 月 30 日，穆罕默德·塞伊德发布菲尔曼①，授权斐迪南建立公司，打通连接地中海和红海的海上运河。1858 年 12 月，苏伊士运河公司成立了，该公司注册资本为 400000 股，每股 500 法郎。穆罕默德·塞伊德认购了 42% 的股份，法国的商人们认购了

---

① 指奥斯曼帝国苏丹签署的行政文件。

52%的股份。在这个阶段，英国在地中海地区丧失了统治权，英国媒体也不相信这个项目的可行性，甚至认为这是一场欺诈。苏伊士运河公司获得了建造运河所需土地的99年特许权。1859年4月25日，运河开始施工，10年后，即1869年，运河建成通航①。

3. 从破产到占领

1863年，穆罕默德·塞伊德去世，他的侄子、易卜拉欣的儿子、穆罕默德·阿里的孙子伊斯梅尔 [1863年至1879年] 继承了王位。

伊斯梅尔曾在法国接受教育。回到埃及后，他希望实现埃及的现代化，但为了实行这一政策，伊斯梅尔使埃及负债累累。对外政策方面，伊斯梅尔选择支持奥斯曼，参与平定克里特岛的叛乱。1867年6月8日，奥斯曼苏丹为了感谢他，赐予他埃及赫迪夫的称号，并赋予他的直系子孙世袭统治

---

① 1869年11月17日，在欧仁妮皇后的见证下，苏伊士运河建成通航。1895年，欧内斯特·勒南在法兰西学院的入院仪式上发表讲话，回应了对斐迪南的演讲，他说："之前，一个伊斯坦布尔海峡已经足以处理世界上的问题；你们创造了第二个，这个比前一个重要得多，因为它是世界上所有大海交流的走廊。冲突时期，它将是每个国家都会火速争夺的战略要地。你们将标出未来诸多伟大战役的发生地。"

埃及的权力[①]。

伊斯梅尔执政期间，埃及试图迅速实现现代化。为了给超大型现代化项目提供资金，埃及欠下了高额债务，陷入了财政困境。这时，苏伊士运河已经开通，该地区拥有了极高的战略性地位，而埃及所依赖的奥斯曼帝国正日渐衰落。

由于埃及贷款额超过了该国的还款能力，埃及的两个主要债权国英国和法国开始干预埃及国内事务，以确保埃及能偿还债务。从19世纪40年代开始，欧洲资本在埃及经济中的所占份额越来越大[②]，到了伊斯梅尔统治时期，这一情况愈加严重，甚至达到了不合理的程度，特别是每当埃及计划开凿运河、建造桥梁、新铁路线，铺设电报线和发展大城市时，政府就会向外国贷款。结果，到1875年年底，埃及已经没有能力偿还债务了。

而在英国伦敦，苏伊士运河项目开始时出现的批评甚至讽刺都消失了，英国对他们没有从一开始就参与苏伊士运河项目

---

①因此，他的兄弟、叔父和侄子不能继承赫迪夫的头衔。这个头衔只是表明，在奥斯曼帝国的等级制度中，埃及赫迪夫的地位位于苏丹和大臣之间。1873年，伊斯梅尔宣布埃及是一个国家，这标志着埃及向实现主权迈出了新的一步。之后，埃及人民实现国家主权的愿望逐渐演变为建立民族国家的观念，从而摒弃了奥斯曼帝国哈里发制度的信徒所体现的超国家性的旧观念。
②这可能会导致国家分裂。部分融入欧洲经济的下埃及地区，民族资产阶级统治力量已经接过了接力棒，而上埃及仍然完全是农村。

感到非常遗憾。在迪斯雷利担任首相期间，英国收购了埃及在苏伊士运河公司的所有股份，这使得埃及的财政有了几个月的喘息时间，也让英国成为该公司的控股股东①。

1876年5月，埃及再次陷入破产状态。11月，英、法两国迫使埃及的赫迪夫伊斯梅尔任命一英一法两名财政总审计长。不到两年，1878年8月，英、法两国要求伊斯梅尔组建一个由欧洲专家组成的政府，这意味着欧洲国家实际上控制了埃及。埃及民族主义者对此表示强烈不满，以至于伊斯梅尔感受到了威胁，试图以抵抗者的身份尽其所能地反对外国控制。在民众的示威游行下，伊斯梅尔妥协了，之后便遣散了欧洲顾问，而英国和法国将此视为一种敌对行为，他们要求土耳其苏丹废黜伊斯梅尔。苏丹无法拒绝两个欧洲大国的要求，同意废黜伊斯梅尔。1879年，赫迪夫伊斯梅尔被迫退位。

伊斯梅尔的儿子陶菲克[1879年至1892年]出任埃及新一任赫迪夫，并允许了欧洲顾问回到埃及。在几个月内，埃及的财政得到了恢复，但民族主义发起了声势更为浩大的骚动。1881年，埃及甚至发生了全面的叛乱，陶菲克被指控为"欧洲人的仆人"。

这场规模浩大的运动是由阿拉比帕夏（1839年—1911年）

---

① 法国人持有的股份主要由小股东持有，而不是由国家持有。

领导的。阿拉比帕夏，真名艾哈迈德·阿拉比，是一位极负盛名的军官。与土耳其－马穆鲁克氏族出身的高级军官不同，他是个农民出身的埃及人。穆罕默德·塞伊德统治时期进行了改革，为出身卑微的军官开放了进入军队高级职位的机会，也正因如此阿拉比才得以晋升。

1876 年，阿拉比帕夏成立了一个秘密社团，召集了许多感到被垄断高层的土耳其－马穆鲁克人羞辱的埃及本地军官。这个社团随后发展为一个政党，取名为祖国党①。1881 年 2 月，阿拉比领导了一场军事政变。1882 年 1 月，陶菲克任命阿拉比帕夏为负责战争的副国务大臣，一个月后又任命他为统战部部长。

英国并不愿意介入埃及的这些纷争，希望奥斯曼帝国代替它进行干预。但是，由于俄国当时在巴尔干半岛问题上与奥斯曼几乎发生了公开冲突，俄国反对奥斯曼帝国进行干预，因为这可能会加强奥斯曼帝国的实力。

于是，法、英两国计划在埃及开展军事行动。但与此同时，法国也卷入了一场巨大的争论之中，议会对这场争论进行了最为精简的总结：在殖民扩张和"复仇"之间应该做出怎样

①这一民族主义主张在很大程度上得到了伊斯兰复兴主义和对埃及精英产生强烈影响的知识潮流的支持。持有几家报社的阿卜杜拉·纳迪姆（1843 年—1896 年）就是其中的重要代表。

的政治选择？在这种情况下，巴黎掀起了一场针对法国干预埃及事务的可能性的激烈辩论。法国众议院议长甘必大赞成同英国人一起进行干预，而激进的反对派则希望由奥斯曼指挥这场国际行动。而正如我们刚刚看到的，后者的想法是不可能实现了。

1881 年，法国提议，为了恐吓阿拉比帕夏，象征性地干预埃及事务。当时，法国正由弗雷西内领导。1882 年 1 月 30 日，弗雷西内接替甘必大政府，第二次出任法国总理。

因此，1882 年 6 月 10 日，一支法英联合舰队出现在亚历山大港。11 日，该市爆发了一场激烈的骚乱，几十名欧洲人被杀。1882 年 7 月，最终决定站在英国一边干预埃及事务的弗雷西内要求法国议会提供贷款。7 月 30 日，议会以压倒性票数拒绝了他的请求，弗雷西内政府辞职了。

英国失去了盟友，又感到自己的重要利益受到了威胁，于是决定采取行动。1882 年 7 月 11 日，英国海军轰炸了亚历山大港的堡垒，加尼特·沃尔斯利爵士指挥的部队登陆埃及。阿拉比帕夏战败。1882 年 8 月，英国人控制了埃及。1882 年 9 月，埃及军队残部被击溃。阿拉比帕夏被俘，被流放锡兰①（今斯里兰卡——译者注），埃及军队也被解散了。

———————————————

① 1901 年，阿拉比才被允许回到埃及。1911 年，远离大众视野的阿拉比去世了。

埃及向苏丹进军

19 世纪上半叶，穆罕默德·阿里掌权时期，埃及在红海和努比亚问题上制定了帝国主义政策。1830 年，穆罕默德·阿里在喀土穆建城，并在埃及南部建立了贸易点。

1874 年，曾经征服达尔富尔的加扎勒河省长官齐伯尔帕夏成为伊斯梅尔的潜在对手。伊斯梅尔担心努比亚会出现一个敌对的苏丹，于是将他召回开罗。伊斯梅尔任命欧洲人统治他庞大的苏丹帝国，这一措施有两方面优势。一方面，那些博爱主义者不得不称赞他在控制奴隶贸易方面的努力；另一方面，他不用再担心欧洲的统治者，因为他们永远不会成为伊斯梅尔的对手或竞争对象。

1872 年，英国人萨缪尔·贝克被任命为赤道省总督。1873 年 3 月，另一位英国人查理·戈登接替了他的职位，并在 1877 年成为苏丹总督①。在戈登之后，美国人 H.G.普劳特和埃及军队上校易卜拉欣·法齐相继就任，二人被他们的责任压得喘不过气来，直到 1878 年，德国人爱

———————————

①被召回英国后，戈登在 1884 年再次被任命为苏丹总督。

德华·施尼策（称爱蒙帕夏）被任命为赤道省总督，埃及的权力才重新建立起来。

齐伯尔帕夏的儿子苏利曼曾反抗埃及当局[1]，戈登不得不与他开战。1879年7月，苏利曼被意大利人格西的部队杀害。

穆罕默德·艾哈迈德[1844年至1885年][2]自称马赫迪[3]，是一位来自栋古拉的宗教领袖。从19世纪70年代起，在他的号召下，掀起了一场以"马赫迪主义"为名的浩大运动，这场运动鼓动苏丹人民反对埃及的赫迪夫，将他称为"异教徒的仆人"。

---

[1]苏利曼的副手之一拉巴赫成功逃脱了，并在1885年至1886年在乍得湖东部建立了一个奴隶王国。直到1900年，拉巴赫在与法国军队的战斗中战死了。
[2]他是一个安萨尔教派的首领，"安萨尔"意思是"胜利者"。
[3]意为"蒙受真主引导的人"。

［第九章］

1882 年至 1945 年的埃及

上文提到，1882年，埃及还是奥斯曼帝国的一部分时，英国军队占领了埃及。埃及处于英国统治之下，官吏受到英国顾问的控制。1883年至1907年，未来的克罗默勋爵伊夫林·巴灵担任高级专员，直接命令这些顾问。

从理论上讲，英国对埃及的占领只是暂时的。但是，当索尔兹伯里侯爵担任首相，并感到在新的复杂的国际形势下，英军不可能离开埃及时，一切都改变了。事实上：

• 对英国来说，要首先保证从苏伊士运河到印度的通航自由；

• 由于俄国试图为其黑海舰队打开通往地中海的通道，英国不希望削弱海峡的守护者土耳其；

• 然而，随后爆发的巴尔干战争导致土耳其人撤退，斯拉夫人推进，这使得英国人不愿向俄国舰队开放海峡；

- 因此，英国被迫留在埃及，以保证万一俄国舰队打
  开了通往地中海的通道，英国还能在苏伊士运河自由
  通航。

1. 埃及英治时期 [1882 年至 1922 年]

英国对埃及的占领促进了埃及民族主义的发展。但是，对埃及最早的民族主义者来说，世俗民族国家从不在他们的考虑范围之内。阿拉比帕夏的支持者不是真正意义上的民族主义者，而是希望赶走外籍基督教徒的阿拉伯裔穆斯林。对他们来说，只有奥斯曼苏丹才能保卫受到异教徒威胁的伊斯兰领土。他们与其说是民族主义者，不如说是泛伊斯兰主义者。阿拉比帕夏领导的运动失败后，他的支持者们则方寸大乱。

1898 年至 1906 年，新祖国党领袖穆斯塔法·卡米勒 [1874 年至 1908 年] 领导了一系列的民族运动。卡米勒四处演讲，发表文章，表达了自己的民族主义主张。1900 年，卡米勒创办《旗帜报》，在报中大量宣传民族主义。他的继任者穆罕默德·法里德和他一样，都支持由奥斯曼帝国领导埃及。

1906 年，随着学生罢课、农民暴动，埃及民族主义运动出现高潮。

埃及局势格外紧张，以至于在 1907 年，英国当局做出了一个决定，标志着埃及开始向自治时期过渡。

同时，埃及一些自由派和世俗派的民族主义者认为，直接与英国人对抗不会有任何结果，最好的办法是与英国合作，让英国不断做出让步，直至埃及实现独立。因此，1907 年，他们成立了一个新的政党——乌玛党，但该党几乎没有得到民众支持。

英埃共管苏丹的建立

在苏丹，马赫迪运动如野火般蔓延。1882 年 6 月，由喀土穆总督派出镇压马赫迪运动的一支几千人的部队全军覆没。1883 年 1 月 18 日，苏丹科尔多凡省首府欧拜伊德被起义军占领。

英国不得不做出回应，因为埃及赫迪夫受到埃及的阿拉比帕夏和苏丹领导人马赫迪的两面夹击，处境艰难。

42 名英国军官选出 1 万多名能力一般的埃及士兵，组成特遣队前往苏丹。在希克斯上校的命令下，军队从红海港口萨瓦金出发，向欧拜伊德进军。1883 年 11 月 4 日，在欧拜伊德附近的希甘，马赫迪军队全歼埃及援兵。在这场战役中，希克斯上校、9500 名士兵和几乎所有的欧洲援兵战死，军备全部被缴。

随后，马赫迪军队控制了苏丹的大部分地区，其中就有科尔多凡省、达尔富尔省和加扎勒河省，苏丹总督查尔斯·戈登死守喀土穆。1885年1月26日，经过几个月的围攻，马赫迪军队最终占领喀土穆，4000名英埃援兵在城中被杀。戈登也没能幸免，他的尸体还遭到斩首。穆罕默德·艾哈迈德·马赫迪建立了马赫迪派国家，并自称哈里发①。

经过一番犹豫，英国人被迫采取行动，主要原因有以下四方面：

1. 苏丹的叛乱可能会在其他地方重演，英国在埃及的利益可能受到严重损害，苏伊士运河地区的稳定也可能受到影响；

2. 英法"尼日尔竞赛"中，法国获胜，并正在向乍得湖地区扩张，试图借助乍得湖地区向尼罗河上游推进，威胁英国试图从非洲北部的开罗到南部的好望角间开辟的"走廊"；

3. 意大利人刚刚占领红海非洲海岸，由于他们正在向内陆推进，很可能会威胁到英国在埃及这个连接地中

①几个月后，1885年6月，马赫迪去世。马赫迪的继任哈里发为阿卜杜拉。1891年至1894年，阿卜杜拉进攻埃塞俄比亚，战败。

海和印度洋的天然"闸门"上的统治地位；

4.马赫迪继任者的统治受到了质疑。

征服苏丹的时机似乎已经成熟。1896 年 3 月，一支由霍雷肖·基奇纳将军指挥的英国远征军出发了，以与埃及—喀土穆铁路建设相同的速度向南推进，军队和装备都通过该条铁路运输。经过 1898 年和 1899 年的 3 次战斗[①]，马赫迪派的军队被击败。1899 年 1 月 19 日，苏丹成为英埃共管国。

对英国人来说，这场胜利来得正是时候。此时，马尔尚上尉率领的法国远征队已经到达尼罗河的法绍达，此举引发了英国和法国之间的重大危机。

在第一次世界大战期间，由于苏伊士运河的战略重要性，埃及成为同盟国集团军事战略的核心。1915 年 1 月，杰马勒帕夏将军指挥一支由 8 万人组成的强大的土耳其军队在大马士革集结。随后，军队向西奈半岛进军。2 月 3 日，在巴勒斯坦的图松战役中，土耳其军队惨败，被迫撤退。

----

①这三次战役分别是 1898 年 4 月 8 日的阿特巴拉战役、1898 年 9 月 2 日的恩图曼会战，以及 1899 年 11 月 24 日在科尔多凡的乌姆－迪韦克拉特战役。最后一次战役结束后，哈里发死于祈祷垫上，所有马赫迪派领导人都被杀或被俘。

1915 年 5 月，意大利背叛了同盟国集团，加入协约国集团参战。1915 年秋天，在土耳其军官的带领下，赛努西教团从昔兰尼加向埃及发起了进攻。12 月 25 日，赛努西教团距离马特鲁港只有 25 千米了，好在英国人阻止了他们前进。1916 年 2 月 28 日，英军发起反击，击溃了赛努西教团，塞卢姆和西迪－巴拉尼失守。

赛努西教团是一个伊斯兰宗教团体，由阿尔及利亚人赛义德·穆罕默德·本·阿里·赛努西（1787 年—1859 年）于 1835 年创立。他出生在穆斯塔加奈姆地区的一个阿拉伯部落，在非斯求学，然后在 1812 年前往开罗。在与爱资哈尔的医生们闹翻后，他决定去麦加，并在麦加建立了一个兄弟会，主张回归伊斯兰教的源头。1830 年和 1838 年，赛努西试图将兄弟会转移到阿尔及利亚。之后，赛努西再次出发去往东方，曾在途中的的黎波里，也就是奥斯曼苏丹自 1835 年以来重新掌权的地方停留。奥斯曼帝国的帕夏对他表示欢迎，并授权他建立兄弟会——第一个兄弟会建立于昔兰尼加绿山地区的贝达。然后他搬到了埃及附近的杰格布绿洲，并在那里建立了一个札维亚①。

---

① 指伊斯兰教的建筑。

170

沿着商队路线发展，向南到库夫拉和乍得湖，向西到加特和阿加德，都建立了札维亚。赛努西教团沿着班加西－阿贝歇轴线发展，利用商队和商人网络的年代优势，它使商队和商人网络恢复了活力和现代化，赋予它们统一性和连续性。赛努西教团是抵抗法国在东撒哈拉入侵的核心力量，也是抵抗意大利控制未来利比亚的核心力量。

土耳其选择加入同盟国集团参与第一次世界大战。1914年12月18日，英国人借此机会，结束了土耳其苏丹对埃及的名义上的宗主权，宣布建立埃及保护国。

12月19日，埃及赫迪夫阿拔斯二世提出抗议，但英国废黜了阿拔斯二世，扶植他的一个叔叔、赫迪夫伊斯梅尔的第二个儿子侯赛因·卡米勒[1914年至1917年]上台，授予他苏丹称号。埃及现在由一个苏丹领导，这意味着埃及断绝了与奥斯曼帝国朴特的一切联系。英国王室在埃及的统治权则由一名高级专员行使，第一个获得该职位的是阿瑟·亨利·麦克马洪爵士。

2.埃及解放

从第一次世界大战结束到第二次世界大战爆发的十余年，是埃及民族主义成熟并指引埃及走向独立的重要阶段。

1914 年 12 月，英国宣布埃及为保护国。埃及民众认为这是英国操纵埃及的手段，因此拒绝接受英国的这一声明。民族主义早就已经在埃及产生，第一次世界大战后，民族主义运动更是得到很大发展，以至于 1922 年英国不得不承认埃及为独立的主权国家。

1918 年 11 月 13 日，英国高级专员雷吉纳德·温盖特拒绝了萨德·扎格卢勒（1857 年—1927 年）领导的议会代表团希望前往巴黎、争取埃及独立的请求，这再次激起了埃及民族主义运动的热潮。

1918 年 12 月，（以扎格卢勒为首的）①埃及政治家代表团，又称华夫脱党，领导人民掀起了示威活动。华夫脱党要求埃及独立，这一要求也是埃及新精英的愿望。该党的首要要求是废除 1914 年英国单方面发表的、得到美国总统威尔逊承认的英国为埃及保护国声明，并要求英国军队撤离埃及。

1919 年，埃及局势紧张。3 月 8 日，扎格卢勒和他的两名副官被捕，并被驱逐到马耳他岛。几天后，几位英国士兵被杀，埃及各地爆发了动乱。埃及人将此称为"1919 年革命"。英国的镇压并没能缓解紧张局势。

为了打破僵局，英国任命了一位新的高级专员——前英国

----

① 此处为译者注。

驻巴勒斯坦部队指挥官、1917年至1918年土耳其战争的胜利者艾伦比将军。

出于现实因素的考虑，英国决定修改对埃政策。正因如此，埃及代表团最终被授权前往巴黎和伦敦参加谈判。谈判于1920年6月开始，9月结束。但是，谈判并未取得进展，因为英国不承认华夫脱党的代表身份，只想与埃及苏丹的代表团进行谈判。

1921年3月29日，扎格卢勒（扎格卢勒帕夏）回到了埃及，并受到了热烈而隆重的欢迎。埃及民族主义运动再次爆发。1921年5月，许多人在抗议斗争中牺牲。扎格卢勒则再次被捕，并先后被流放至亚丁、塞舌尔和直布罗陀。

1922年2月28日，从现实因素考虑，英国宣布终止对埃及的保护，单方面承认埃及独立，但在国防方面还保留了几点特权。扎格卢勒希望埃及实现完全独立，呼吁埃及人民继续进行斗争。英国单方面承认埃及独立并没有平息埃及的民族主义斗争，从那一刻起，埃及人的斗争目标转变成废除英国的保留特权。

1917年10月9日，侯赛因苏丹去世后，他的弟弟福阿德继位苏丹。1922年3月15日，埃及正式独立。埃及苏丹福阿德改称国王，自称福阿德一世 [1917年至1936年]。

1923年3月，扎格卢勒获释。9月，扎格卢勒回到埃及，再次受到了人们的热烈欢迎。作为华夫脱党的领导人，他赢得了 1923 年 12 月的议会选举。1924 年 1 月，国王福阿德一世授权他组建了埃及独立后的第一届政府。

渐渐地，华夫脱党开始反对埃及王室，而王室则认为华夫脱党打算废除君主制，宣布成立共和制国家。随后，华夫脱党遭到打击，该党报刊被禁，成员被开除公职，领导人也被送进监狱。为了削弱华夫脱党的势力，埃及王室推动成立了一个与华夫脱党相抗衡的政党——人民党。

这种情况的矛盾之处在于，华夫脱党现在把君主制党作为它的主要斗争对象，且为了更好地与埃及王室对抗，华夫脱党毫不犹豫地选择了亲英路线，但是，华夫脱党的成立正是为了对抗英国。

从 1928 年至 1930 年的两年时间里，埃及接连出现了几个内阁，华夫脱党的新领导人穆斯塔法·纳哈斯（纳哈斯帕夏）、穆罕默德·马哈茂德、阿德利·亚坎先后担任总理，之后纳哈斯帕夏再度当选。1930 年，国王任命伊斯梅尔·西德基为总理；1933 年 9 月，西德基的任期结束。面对这种权力掠夺，华夫脱党拒绝参与 1931 年的选举，人民党默认获胜。

之后，英国对埃政策放宽。1936 年 8 月 26 日，英埃签署了一项《英埃同盟条约》，建立了英埃伙伴关系，甚至说是联盟关系，以代替军事占领。该条约规定，一旦发生战争，英国有权在埃及进行军事部署，使用埃及的军事基础设施，并在苏伊士运河区驻军20年。条约签订后，出现了一个象征性的事件：英方的高级专员被大使替代。

1936年4月28日，法鲁克一世[1936年至1952年]接替其父福阿德一世，成为埃及国王。由于当时他还未成年（17岁），法鲁克一世统治初期仅仅是摄政，1937年起，法鲁克一世才行使全部权力。

1936年5月，华夫脱党赢得了立法选举，纳哈斯帕夏重新上台。然而，由于党内几次分裂，最激进的民族主义者也离开了该党，华夫脱党的势力被削弱了。

随着英国1922年强制规定的保留特权的取消以及埃及加入国际联盟，1937年5月4日，埃及走上了完全独立的道路。1937年年底，法鲁克一世解散了议会，随后又解雇了纳哈斯帕夏。1938年年初，埃及举行选举，华夫脱党败选。

3. 第二次世界大战及其影响

正如第一次世界大战期间的情况一样，由于苏伊士运河的战略地位，埃及成为交战各国的重要战略目标。从1940年到1942年，几乎所有的战斗都发生在利比亚和埃及西部，战争中心根据交战双方的进攻态势来回移动。

就像在第一次世界大战中一样，埃及处于二战的军事前线。但这次，大多数埃及人都希望德国获胜[①]，这就解释了为什么埃及王室和英国当局之间的关系变得越来越紧张。

1941 年年底，侯赛因·西里领导的埃及政府严格执行了 1936 年 8 月 26 日签署的《英埃同盟条约》，同意派遣埃及军队在的黎波里前线增援英国，但法鲁克一世还是拒绝向轴心国宣战，而他的政敌华夫脱党则明显站在同盟国一边。

1942 年年初，当隆美尔将军向苏伊士运河发起进攻时，埃及首相侯赛因·西里更加坚定地支持同盟国阵营。他甚至与维希法国断绝了外交关系，但并没有将这一行为告知法鲁克一世。法鲁克一世解雇了侯赛因·西里，组建了一个亲轴心国集团的埃及政府。

埃及政局危机由此开启：英国要求任命华夫脱政府，并向法鲁克一世发出了最后通牒，而法鲁克一世拒绝了这一要求。随后，法鲁克一世被要求在退位和任命华夫脱党领导人纳哈斯帕夏之间做出选择。最终，法鲁克一世做出妥协，同意任命以纳哈斯帕夏为首的华夫脱内阁。

亲英的华夫脱党失去了民众的支持，埃及政局出现真空。

---

① 一些埃及官员甚至与德国勾结，其中就有未来的埃及总统萨达特。1942 年至 1944 年，萨达特被英国人送进了监狱。1945 年年初，埃及首相艾哈迈德·马希尔在宣读埃及对德国的宣战书时被刺杀身亡。

后来，包括共产党、青年埃及党和穆斯林兄弟会在内的几个小党出现，填补了埃及政局的空白。

利比亚战役

1940年6月28日，意大利驻利比亚总督伊塔诺·巴尔博元帅在执行飞行任务时，他所在的飞机被意大利防空部队失误击落，伊塔诺·巴尔博当场遇难。鲁道夫·格拉齐亚尼元帅接替了他的职位后，接到命令，向苏伊士运河发起进攻。

1940年9月15日，意大利人向埃及和西迪－巴拉尼进军，但途中遭到英国将军阿奇博尔德·韦维尔的部队袭击。12月9日，理查德·奥康纳准将指挥进行反击，突破了意军600公里的防线，13万名士兵被英军俘虏，英军占领班加西①。

1941年3月，德国进军利比亚，派遣了一支现代远征军——由埃尔温·隆美尔将军指挥的德国非洲军。隆美尔是一位装甲作战专家，在1940年的法国战役中战功卓越。

德国的目标是向苏伊士运河及埃及发起闪电战，以

---

①二战中，班加西曾五易其主。

控制中东油井。然而，为了发动这场沙漠战争，德国非洲军需要大量的燃料、备用设备和物资补给。因此，控制欧洲和利比亚之间的航行通道可谓是当务之急。德国依靠强大的意大利海军来实现这一目标，而英国海军具有空战优势，阻止了这一军事行动。

1941年4月，隆美尔发动了一场闪电战。15日，几个月前意大利人丢失的阵地被重新夺回。然而，6月30日，正当埃及的民族主义者准备在开罗隆重欢迎德军时，德军在距离开罗不到100千米的阿拉曼①停下了向苏伊士运河进军的脚步。

由此，建立了两个战场的联合作战计划：

在西部，1942年11月8日，英、美两国在北非的登陆行动在隆美尔的后方打开了一条战线。

在东部，11月13日，伯纳德·蒙哥马利将军在埃及发起强烈进攻，史称阿拉曼战役。阿拉曼战役战线从内陆延伸到海洋，长约60千米，纵深超过10千米。英军的士兵人数和军备实力是德国的两倍——英军出

① 5月28日至6月19日，在英军阵地南部的比尔哈凯姆，柯尼希将军一直在抵抗德军的进攻，然后成功地突破隆美尔的防线，与英军第八军团会合。

动了 20 万名战士、1030 辆坦克、1200 门大炮和 750
架飞机——而且可以轻松获得补给，英国因此取得了阿
拉曼战役的胜利。隆美尔则处于守势，被迫将部队撤回
班加西。

　　1943 年 1 月 23 日，英军进入的黎波里，与 1942 年
11 月从乍得出发攻打费赞的勒克莱尔的部队会合。

[第十章]
从自由军官政变到萨达特去世

[1952 年至 1981 年]

1922 年，埃及实现独立，但从事实上来讲，埃及在某种程度上仍然是英国的保护国。第二次世界大战结束后，埃及成为反抗殖民统治的先驱国家。1945 年 3 月 22 日，在埃及的号召下，埃及、沙特阿拉伯、伊拉克、黎巴嫩、叙利亚、约旦、也门 7 个国家的代表团在开罗召开会议，成立阿拉伯国家联盟（简称"阿拉伯联盟"），联盟旨在加强成员国之间的密切合作，维护阿拉伯国家的独立和主权，协调彼此的行动。1947 年，马格里布解放委员会成立。

第二次世界大战后，反英浪潮再次席卷埃及。1946 年 2 月 21 日，开罗发生了大规模暴乱，许多欧洲人在暴乱中遇难。5 月 4 日，开罗再次爆发动乱，动乱先后蔓延到了亚历山大港和伊斯梅利亚。与此同时，埃及正和英国协商废除 1936 年有关英军驻扎苏伊士运河地区的条约。1947 年，协商中断，埃及和英国之间的关系越来越紧张,英国驻埃部队甚至遭到了袭击。

1948 年 3 月 14 日,大卫·本－古理安建立了以色列。3 月 15 日,拒绝成立一个犹太国家的阿拉伯各国陷入了战争。埃及军队占领了加沙地带和希伯仑,朝着耶路撒冷进军。然而,1948 年 10 月,以色列军队成功围剿了埃及军队。1949 年 1 月 7 日,战争结束,埃及战败,造成了国内巨大的创伤。

1. 自由军官组织发起政变

1950 年选举期间,华夫脱党煽动民族主义情绪,赢得了议会 2/3 的席位,纳哈斯帕夏再次任职。这时的纳哈斯把握了舆论的风向:民众要求驱逐英国占领军^①,并要求埃及和苏丹结盟。因此,1951 年 10 月 15 日,纳哈斯单方面宣布废除 1936 年的《英埃同盟条约》和 1899 年的《英埃共管苏丹协定》。

英国宣称,埃及作出的这两项决定没有任何司法效力,而这激起了埃及人民的怒火,他们开始攻击运河地区的英国驻军。英军进行了猛烈反击,埃及方面死伤数十人。

因此,埃及决定和英国断交,埃及全国范围内爆发了动乱。1952 年 1 月 26 日,开罗爆发了声势浩大的示威活动,随后示

---

① 85000 名英国军人驻扎在苏伊士运河区,而不是 1936 年条约中规定的 10000 名。

威转变为暴乱；开罗的商店、高档场所和犹太人的财产被洗劫一空。华夫脱党由此倒台。

1952 年 7 月 23 日晚，自由军官组织发动政变，该组织的主要负责人有贾迈勒·阿卜杜勒·纳赛尔、安瓦尔·萨达特、查卡里亚·毛希丁和阿卜杜勒·哈基姆·阿密尔。安瓦尔·萨达特在广播中宣读了纳赛尔上校撰写的宣言，控诉了埃及当局的腐败和懒政。

7 月 26 日，寻求英国援助无果的法鲁克一世让位其子法鲁克二世①，而后开始流亡。1939 年曾拒绝向德国和意大利宣战的阿里·马希尔主持成立了一个新的政府，然而，9 月 7 日，阿里·马希尔就辞职了，埃及部队总司令穆罕默德·纳吉布将军（1901 年—1984 年）继任。

1953 年 6 月 18 日，埃及君主制被废，埃及共和国成立，纳吉布将军任共和国总统。1954 年 3 月，贾迈勒·阿卜杜勒·纳赛尔成为埃及部长会议和埃及革命指导委员会主席。纳赛尔上台后，承诺要扫清 1948 年军事失败带来的耻辱，将阿拉伯世界从殖民中解放出来，让埃及人重拾自信：

"埃及人，你们拥有 7000 年的历史。自信一点，因为你

---

①法鲁克二世当时尚年幼，统治时间不足一年，即从 1952 年 7 月 26 日至 1953 年 6 月 18 日。因国王年幼而成立的摄政委员会没有行使任何权力，实权由部长会议掌握。

有自信的资本。抬起你们的头，你们要捍卫自己的尊严。"

纳赛尔希望通过与投靠犹太复国主义和美国的阿拉伯世界领导人斗争，将阿拉伯世界从殖民中解放出来。为了打击那些维护犹太复国主义和美国利益的领导人，纳赛尔提出了"阿拉伯社会主义"这个有力武器。不论是沙特阿拉伯国王费萨尔、约旦国王侯赛因、摩洛哥国王哈桑二世、突尼斯总统布尔吉巴还是伊拉克总理卡塞姆，所有人都是纳赛尔的目标。纳赛尔在阿拉伯世界推行的激进政策削弱了许多"温和"的政权，导致在以色列问题上更加激进的新一代领导人上台执政，这些人包括利比亚领导人卡扎菲、叙利亚总统哈菲兹·阿萨德和伊拉克总统萨达姆·侯赛因。

对自由军官组织来说，纳吉布将军曾是避风港，是担保人。纳吉布将军是泛伊斯兰主义者，而自由军官组织主张政教分离，两方主张完全相反。由于纳吉布将军和穆斯林兄弟会（主张恢复团结所有穆斯林的哈里发）十分亲近，纳吉布将军和纳赛尔之间的对抗就不可避免了。

1954年2月，纳赛尔决定清除穆斯林兄弟会。1954年11月13日，纳吉布将军被免职，被关在住所中受人监视。穆斯林兄弟会随即非法发起运动。1954年10月26日，受到袭击后，纳赛尔上校决定强势镇压穆斯林兄弟会的运动。埃及政府逮捕了几千名兄弟会成员，对他们严刑拷打，6位兄弟会的首领被当众绞死。之后，纳赛尔又清除了他的前盟友——共产主义者；埃及共产党被取缔，两名领导人被绞死。纳赛尔保证了自己权力的稳定性后，与英国驻军展开协商，要求驻军离开埃及。

穆斯林兄弟会

1927年3月，哈桑·班纳在伊斯梅利亚成立了穆斯林兄弟会。哈桑·班纳是一位埃及教师，他希望在伊斯兰传统中找到解决西方化问题的方法。在他看来，当时的埃及社会是病态的、腐朽的，只有回到真正的传统中、回到《古兰经》的源头上来，埃及社会才能得救。穆斯林兄弟会在政治上的终极目标是哈里发，也就是建立一个团结所有穆斯林的国家。从1928年到1933年的5年间，哈桑·班纳发表了大量演说和文章，大肆批判了英国的侵略行为，但与此同时，他也组织计划着自己的行动。1946年到1948年间，哈桑·班纳秘密吸纳了几十万兄弟会成员。他反对华夫脱党，认为华夫脱党已经过度西化了。穆斯林兄弟会在贫苦大众之中召集会员，并为他们带去慷慨的帮助。穆斯林兄弟会成为对抗腐败的君主立宪制和被指控与英国勾结的华夫脱党的有力武器。1949年2月2日，哈桑·班纳在开罗遭到暗杀。这很有可能是埃及当局的手笔，因为自穆斯林兄弟会1948年12月6日被禁

止活动后，该组织在平民百姓中的影响力反倒越来越强
了①。穆斯林兄弟会认为，埃及首相穆罕默德·诺拉克希
（诺拉克希帕夏）应该对禁令负责。为了给死去的哈桑·
·班纳复仇，1948 年 11 月 28 日，兄弟会暗杀了首相诺拉
克希。

　　1954 年 7 月 27 日，英、埃签订条约，英国将撤离运河地
区的所有军队。英国在撤军这件事上并没打太多小算盘，因为
当时纳赛尔上校是自称反共人士的。因此，英国即使撤军也不
会有太多风险。1954 年 10 月 19 日，根据 7 月 27 日签订的协定，
英国正式撤军。

2. 纳赛尔统治下的埃及 [1954 年至 1970 年]

　　次年起，纳赛尔采取了一项新的政策，使埃及招致西方强
国的谴责。1955 年 4 月召开的万隆会议上，纳赛尔是阿拉伯
世界的发言人。阿拉伯世界属于之后提出的第三世界阵营，纳
赛尔同中华人民共和国总理周恩来、印度总理尼赫鲁和南斯拉

---

① 1932 年，穆斯林兄弟会有 15 个部门，1938 年有 300 个，1948 年有 2000 个。
禁令发布时，穆斯林兄弟会共有 50 万名成员。

夫总理铁托一起成为第三世界国家的领袖代表。也正是从这时起，埃及一贯维持的和西方的良好关系开始恶化，美国并不接受埃及的"不结盟"立场，认为"不结盟"意味着埃及在事实上加入了苏联阵营。

1955 年 2 月 24 日，伊拉克、土耳其签订《巴格达条约》，随后，英国、巴基斯坦和伊朗加入该条约。纳赛尔认为，《巴格达条约》的签订是个严重的错误，因为条约的签订意味着阿拉伯国家成为西方对抗苏联的盟友。纳赛尔立刻行动，试图和叙利亚、沙特阿拉伯建立一个中立的阿拉伯阵线。在开罗，新闻界严厉批判了伊拉克，此时伊拉克国内紧张局势已经一触即发，爆发了许多反对该条约的示威活动。1958 年 7 月 14 日，伊拉克国王费萨尔二世、摄政王阿布杜勒·伊拉和首相努里·赛义德遭到暗杀，卡塞姆将军上台。

为了表明埃及是一个主权国家，表明埃及不结盟的立场，纳赛尔开始与苏联集团进行贸易往来。为了使军备多样化，纳赛尔决定从东欧军火商那里购买武器，此举激起了西方的怒火。作为报复，西方国家决定不参与阿斯旺水坝①的融资。

1956 年 7 月 26 日，为了回应西方国家，纳赛尔将苏伊士运河收归国有，而当时英国仍持有苏伊士运河 40% 以上的股份。

---

① 阿斯旺水坝于 1970 年 7 月 15 日投入运行。

纳赛尔还查封了苏伊士运河公司的资产。英国和法国撤走了他们的技术人员，取而代之的是来自印度的技术人员。

英国首相安东尼·艾登赞成对埃及作出强有力的回应，他认为埃及的做法是一种权力掠夺，是不可接受的，同时，艾登设法说服法国采取联合军事行动。法国则对远征摧毁阿尔及利亚解放阵线主要支持者的力量饶有兴趣，法国部长会议主席、社会党成员居伊·摩勒也表示了赞成。

由此，法国、英国和以色列签订了一份名叫《塞夫尔协议》的秘密协议。根据该协议的条款，以色列军队将进攻埃及，此时英、法两国将向交战双方发出最后通牒，要求他们撤离苏伊士运河河岸；如果埃及拒绝撤离，英法就将在塞得港登陆。

10 月 29 日，以色列军队进攻埃及，进入苏伊士运河。英法两国随后向埃及发出了最后通牒，埃及自然拒绝撤离。10 月 31 日，法、英两国以"火枪手行动"为名策划的军事行动开始了，155 艘军舰，包括 5 艘航空母舰和约 100 艘被征用的商船投入了战斗。

11 月 5 日，法国第二殖民伞兵团和第十一伞兵团的伞兵登陆塞得港。11 月 6 日，英国皇家海军陆战队登陆塞得港和富阿德港。英法盟军很快控制了苏伊士运河，向开罗方向进军，埃及军队投降了。

英法盟军虽在军事上取得胜利，但在外交上遭遇惨败。在巴黎，居伊·摩勒得到了议会的支持。而在伦敦，首相安东尼·艾登因为在决定开战前没有征求反对派领袖的意见而遭到下议院批评。

11月6日，美国和苏联联合起来，要求各方停火，停火协议当天生效。1956年11月10日，联合国大会投票决定成立联合国紧急部队维持和平，使英法部队撤离埃及。

英埃共管苏丹

20世纪50年代，埃及希望和苏丹合并，然而，英国和苏丹都不希望埃及和苏丹合并。苏丹独立的过程复杂又充满曲折。

1922年，英国在苏丹南部（三省）采取了封闭管理的措施，禁止苏丹人使用阿拉伯语、穿着阿拉伯长袍，禁止阿拉伯商人进入南部三省，试图不让苏丹人受到伊斯兰化的影响。此外，《护照和许可条例》还禁止苏丹北部的居民移居南方，禁止南部居民移居北方。这些措施都是前殖民时期的遗产，因为在前移民时期，北部穆斯林有组织的奴隶贸易对苏丹南部地区造成了巨大破坏。

1943年，英国当局在除了南部省份外的苏丹其他各省设立咨询委员会。1947年，英国改变了对苏丹的政策，放弃了"南部政策"，导致苏丹北方居民大量涌入南方。

1948年，英国不顾埃及反对，在苏丹通过了一项宪法，为苏丹独立于埃及控制的联盟之外准备了条件。然而，与此同时，埃及的民族主义者要求苏丹直接归属埃及。1948年年末，苏丹举行选举，在英国的支持下，乌玛党胜选，但该党主张苏丹独立，和埃及断绝关系。

面对英国的拖延和花招，1951年10月15日，埃及政府单方面决定废除1899年签订的《英埃共管苏丹协定》，直接将苏丹并入埃及，法鲁克的国王由此成为埃及和苏丹的国王。英国不承认这一决定，苏丹的政客也拒绝接受。1953年2月，英国终止了《英埃共管苏丹协定》，给予苏丹内部自治权。1953年11月25日，苏丹举行选举，主张与埃及联合的民族联盟党获胜。

1954年，苏丹的情况出现了新的转机，民族联盟党宣布独立，与埃及脱离关系。这是由于母亲是苏丹人的纳吉布将军遭到了排挤，以及埃及实行的消灭穆斯林兄弟会的政策。

1955年8月，苏丹南部爆发叛乱，泛灵论者和基督教徒（主要属于安亚尼亚运动）与来自北方的穆斯林展开了斗争。

1956年1月1日，苏丹获得独立，永远地脱离了埃及。

1958年，埃及和叙利亚合并为阿拉伯联合共和国，但在1961年9月28日，叙利亚宣布退出阿拉伯联合共和国，埃及则仍然保留了阿拉伯联合共和国的国号（直到1972年）。

20世纪60年代初，埃及明确开始实行银行、工业和保险业国有化政策。此时，苏联希望加强其在埃及的势力，于是宣布接管阿斯旺水坝的全部投资。

1962年9月26日，萨拉勒上校领导了推翻伊玛目巴德尔的政变，此后一直在也门执政。巴德尔逃到也门北部，因为也门北部的部落仍然忠于他。在沙特阿拉伯的支持下，巴德尔与在萨那掌权的共和党人开战，共和党人战败，纳赛尔上校被迫派出一支多达5万人的远征军援助也门。1962年10月21日，埃及与阿卜杜拉·萨拉勒上校领导的也门共和国政府缔结了一项军事援助协定。

也门战争导致埃及和沙特阿拉伯之间的关系非常紧张，两国的外交关系随之破裂。5年的冲突之后，1967年8月，埃及和沙特阿拉伯在喀土穆的阿拉伯首脑会议上终于达成了和解。

与此同时，在 1967 年 6 月初爆发的"六日战争"对阿拉伯阵营来说是一场灾难，纳赛尔上校的威望受到了严重损害①。纳赛尔并没有推卸责任，而是在 6 月 9 日一次广播和电视讲话中宣布辞职，此举引发了大规模的民众示威。6 月 10 日，纳赛尔改变了自己的决定。

1970 年 9 月 28 日，纳赛尔上校因心脏病发作去世②。

3. 萨达特时期的埃及 [1970 年至 1981 年]

纳赛尔上校去世后，埃及实力被"六日战争"削弱，人口的过度增长③也严重限制了埃及的发展，埃及的区域领导地位受到利比亚的挑战。当时，卡扎菲上校主导着利比亚这个石油丰富、人口稀少的国家的命运。

除此之外，埃及还遭遇了道德危机：纳赛尔上校采取的政策远远超出了埃及的能力范围。随着穆罕默德·安瓦尔·萨达

---

① 以色列军队占领了西奈半岛，从而控制了埃及的石油储备，并在苏伊士运河的亚洲一侧站稳脚跟。
② 在他去世前几个月，纳赛尔曾说："我没有自己的梦想，我没有个人生活，我没有私心。"
③ 1961 年，埃及人口数为 2800 万；1971 年达到 3600 万；1981 年 4400 万；1991 年 5700 万；2001 年 7000 万；2008 年 8000 万；2020 年 3 月，埃及人口突破 1 亿。

特继任埃及总统，埃及的地区立场转而与美国趋于一致。

1970 年 9 月 28 日，纳赛尔上校去世后，穆罕默德·安瓦尔·萨达特（1918 年—1981 年）上台执政。穆罕默德·安瓦尔·萨达特出生在三角洲，父亲是军队的一名士官，母亲是苏丹人。作为通信部队的一名军官，萨达特参加了许多民族主义行动，并于 1942 年因与德国当局勾结而被英国人逮捕，之后被开除出军队并遭监禁。萨达特越狱后一直四处躲藏，直至 1945 年，由于他与穆斯林兄弟会串通，萨达特再次被捕。他被埃及政府送回监狱关押了 31 个月，直到 1950 年才恢复军籍。

在 1952 年 7 月 23 日的政变中，萨达特是纳赛尔上校的同僚。1954 年，萨达特出任部长，1959 年任民族联盟总书记，1960 年至 1968 年任国民议会主席。1964 年，萨达特被任命为副总统。

萨达特反对埃及唯一的政党阿拉伯社会主义联盟的领导人阿里·萨布里表现出的亲苏倾向。1970 年 10 月，萨达特当选为总统。然而，直到 1971 年 5 月 2 日，萨达特以阴谋颠覆政权罪逮捕了阿里·萨布里集团后，他的权力才得到巩固。1976 年 10 月，萨达特再次当选总统。

1970 年 11 月，萨达特总统表示支持"增强联盟趋势"，并与利比亚、苏丹和叙利亚签署条约。1971 年 4 月，苏丹的尼迈里将军退出了协议。与此同时，《班加西条约》签订，规定建立一个真正的联邦机构，即阿拉伯联邦共和国（埃及、叙利亚、利比亚）。

萨达特赞成通过谈判解决以色列问题，这使他被指责在以色列问题上态度软弱、过于保守。萨达特的权威受到了质疑，1972 年 1 月 24 日，开罗发生了暴力骚乱。

1972 年 2 月，萨达特总统对莫斯科进行了正式访问，向苏联请求提供更多的帮助，以便能够重启对以战争，并在埃及本国发展军火工业。这次访问并没有达到预期的效果，甚至导致几个月后，埃及和苏联关系恶化。1972 年 7 月 18 日，萨达特要求居住在埃及的 20000 名苏联军事顾问离开埃及。

1973 年，埃及与叙利亚、以色列交界地区紧张局势持续升级。1973 年，赎罪日战争爆发。10 月 6 日，埃及和叙利亚同时发起进攻。战争一开始，埃及军队强渡苏伊士运河，叙利亚也在戈兰高地猛攻以军。与 1967 年的战争不同的是，这次埃及人拥有有效的防空防御系统，能够限制以色列飞机的行动。埃及总参谋部犯了一个导致他们输掉战争的错误：他们没有通过西奈半岛发动装甲纵队进行进攻，而是准备进行防御。

埃及人犹豫不决之际，以色列击溃了从戈兰高地直接威胁以色列心脏的叙利亚军队。10 月 15 日，以色列军队将其大部分军事力量转向对付已经通过了苏伊士运河东岸的埃及师团，阿里埃勒·沙龙将军指挥的一个纵队成功穿越运河。埃及第三军团进行了反击，10月17日，双方在西奈半岛进行了一场坦克大战。以色列人占据优势，包围了埃及军队，并于10月23日到达苏伊士和伊斯梅利亚的郊区。

埃及人洗刷了以前战争的屈辱。由于萨达特总统无意让他的国家被战争摧毁，他决定停火。

这场战争开启了长达4年的和平谈判。1977年11月20日，萨达特总统对以色列进行了一次正式访问，并在以色列议会上受到了欢迎。然而，接下来的谈判出现了许多反转，困难重重。

1978年9月6日至17日，受美国总统卡特邀请，埃及和以色列参加了戴维营会谈。会谈中，以色列人表示同意撤离西奈半岛。埃及恢复了对西奈半岛的主权，但不能在西奈半岛驻扎军事部队。

《戴维营协议》的签署以及1979年3月26日《埃以和平条约》的签署，激起了许多得到苏联支持的阿拉伯国家的愤怒。包括叙利亚在内的一些国家指责埃及"出卖了阿拉伯的土地"，而约旦和沙特阿拉伯则谴责埃及单独与以色列进行谈判，指责埃及违背了阿拉伯联盟的承诺和原则。事实上，萨达特长期信奉的泛阿拉伯主义已经显示出其局限性，萨达特总统不是作为一个阿拉伯民族主义者行事，而是作为一个埃及民族主义者行事。1979年4月，埃及被泛阿拉伯组织除名。

1981 年 10 月 6 日，萨达特在阅兵式上被一名年轻军官刺杀，这名军官指责他与"犹太复国主义敌人"单独签署了一份和平协议①。

---

①刺杀萨达特的是一位名叫哈立德·哈桑·沙菲克的炮兵少尉。刺杀由激进的伊斯兰组织"赎罪与迁徙"组织，该组织继承了伊斯兰解放组织的主张。坐在萨达特总统右侧的副总统穆巴拉克及时跳下主席台逃过一劫。

附一 古埃及人人种研究

图宾根大学教授、马克斯·普朗克进化人类学研究所的维蕾纳·舒恩曼及其同事对在中埃及地区出土的公元前 1388 年至公元 426 年之间的 151 具木乃伊进行了基因组测序，结果显示，古埃及人是白种人[①]，现今埃及人口中的南撒哈拉基因是最近才引进的。

这项研究不仅证实了我们知道的事情，即古埃及人不是黑人，也证明在当代埃及人口中发现的少量南撒哈拉基因（黑

[①]法语 Leucoderme 意为"白种人"，词源为希腊语单词 grec leukos（白）和 derma（皮肤）。

人基因）产生于距今不到 1000 年前，即古埃及法老时期结束后 1500 年左右——这也是这一研究的新颖之处。然而，这项研究所探讨的中古埃及人生活在从丹德拉到法尤姆南部地区，从地理上讲，该地区更接近努比亚而不是下埃及。

维蕾纳·舒恩曼的团队（2017 年）将他们的研究对象木乃伊分成了 3 个历史时期，这 3 个历史时期在定义和影响区域上有着明确不同。

第一阶段，从新王国时期到第三中间期末的古埃及时期；

第二阶段，托勒密王朝时期，也称希腊化时期；

第三阶段，罗马时期。

这项工作研究了这些木乃伊的线粒脱氧核糖核酸，并将其与埃及现有人口的线粒脱氧核糖核酸进行了比较，结果非常清楚。

1. 古埃及人几乎没有撒南非洲的单倍群[①]

事实上：

在第一阶段的大约 1300 年间，古埃及人的基因具有连续

[①] 单倍群是人类谱系图的分支。在人类遗传学中，单倍群指的是位于同一染色体上的一组基因，即单倍型。

性，且尚未受到撒南非洲的单倍群影响。

第一阶段的古埃及人与巴勒斯坦的纳吐夫人、小亚细亚新石器时代人口和现在的欧洲人（地中海地区所有的欧洲白人）有"遗传亲缘关系"。

今天的埃及人口中有高达20%的南撒哈拉单倍群。

2. 现代的埃及人和古埃及人有不同之处

事实上：

现代埃及人拥有14%~21%的南撒哈拉血统。

大约800年前，埃及开始出现基因混合（杂交）。这个时间范围很重要，因为它大致与埃及的法蒂玛王朝哈里发时期相吻合，在这一时期，埃及与努比亚建立了非常牢固的关系。此外，为了抵抗阿拔斯王朝和逊尼派，法蒂玛王朝还曾建立一支黑人军队，这些军人都是从今南苏丹招募来的。

结论：古埃及人不仅不是黑皮肤，他们甚至比现代的埃及人拥有更多的白人基因，1000年起，才开始有了混血的埃及人。

谢赫·安塔·迪奥普和"黑埃及"

谢赫·安塔·迪奥普曾提出埃及人是"黑人"的假设[1]。但这一假设已经被证实为谬误:

从语言上讲,古埃及语与努比亚的语言没有关系,它们属于两个不同的语系:古努比亚语属于尼罗-撒哈拉语系,而埃及语则属于非洲语系(或亚非语系)。

从身体结构的角度讲,古埃及人是"地中海"型的白人,木乃伊研究表明,黑皮肤激素[2]在古埃及非常少见。事实上,绝大多数埃及木乃伊都是白人,他们的头发都是直的或者波浪形的,而不是像黑人一样短而卷曲的(Hrdy,1978;Rabino-Massa 和 Chiarelli,1978)[3]。古埃及人的骨架也没有黑人骨架的特征。

---

[1] 1952 年 2 月,谢赫·安塔·迪奥普在《非洲之声》(非洲民主联盟的学生机关报)第 1 期中发表了题为《走向非洲政治意识形态》的文章,提出了这一假设。从此,迪奥普曾多次提及他的假设。1954 年,在《黑人国家和文化:从古埃及的黑人到今天黑非洲的现实问题》中,迪奥普再次提及这一假设,并进行了深入阐释。
[2] 法语 Mélanoderma 指"黑皮肤"。词源来自希腊语 mélas(黑)和 derma(皮肤)。
[3] 迪奥普写道,埃及妇女的头发是短而卷曲的。据他说,在所有的绘画中都可以观察到这一点,这说明埃及人肯定属于"黑人种族"。然而,迪奥普所认为的"黑人妇女过度关注头发,希望从头发开始保持优雅",实际上只是因为埃及人普遍佩戴假发,妇女将假发戴在自己的头发上,男性则戴在光头上。

1世纪起，法尤姆肖像就能够忠实地再现逝者的特征，当时用蜡在木板上为逝者画像已经十分常见。因此，我们有大量的文献资料可以证明，当时法尤姆的居民是白种人。没有证据表明这些白种人曾对黑人祖先施行种族灭绝，取代了他们的位置。

在对艺术表现的研究中，我们发现，古埃及人在绘画中有着一套明确的规定，要求画家用不同的颜色来表现不同的人，男性会被画成红色，女性则用浅色，有时甚至用白色。

古埃及画家会根据外国人的特征和肤色对他们进行绘画。因此，当埃及人描绘叙利亚人或海上民族等人口时，他们会使用更浅的颜色。叙利亚－巴勒斯坦人则被描绘为戴着头巾、蓄有胡须的人。

埃及人用浅色来描绘生活在沙漠和西部绿洲的利比亚－柏柏尔人，将他们画成戴着奇怪的羽毛头饰，一绺头发垂在耳前，身上穿着长袍的人。埃及人用铜来描绘皮肤较黑的民族，如努比亚人。苏丹人总是被画成黑色或深铜色，在埃及人的画中，他们有着黑人的身形，头发短而卷曲，戴着耳环和羽毛。在所有描绘埃及人的绘画中，画家只会用黑色来画头发，从不会用黑色来描绘皮肤。

对现代埃及人的 p-49 a Taq I 等位基因①多态性的 Y 染色体单倍型②的分析最终证明，埃及尼罗河流域的古代居民不是"黑人"③。

生物研究人员在尼罗河流域发现了 3 种主要的 Y 染色体单倍型。按多少排序，第一个就是属于柏柏尔人的 V 号基因，在 40% 的研究对象中都有出现，其比例从尼罗河三角洲和下埃及的 52% 到下努比亚的 17% 不等④。第二个，即 XI 号基因，来自东方或埃塞俄比亚，在 19% 的研究对象中有出现。第三个，即 IV 号基因，源自南撒哈拉⑤。IV 号基因被称为"黑人"的标志，只在 14% 的研究对象中出现了。在尼罗河三角洲和下埃及地区，只有 1.2% 的研究对象拥有 IV 号基因，但在阿布辛贝和第二瀑布之间的努比亚，有 39% 的研究对象都有 IV 号基因。

---

①指染色体的一小部分。

②染色体固有的一种特殊特征，以独特的方式标志其身份。

③现今的埃及人口中只有 6% 的人的祖先是阿拉伯人。

④ 58% 的摩洛哥人、57% 的阿尔及利亚人、53% 的突尼斯人和 45% 的利比亚人都有这种单倍型。

⑤刚果民主共和国 80% 的受试者和中非共和国 84% 的受试者都有 XI 号基因。

然而，从种族学或形态学角度来讲，古埃及人并不是一模一样的。从尼罗河河谷北部到南部，朝着努比亚的方向走，埃及人的肤色越来越深，到今天仍是如此[①]。然而，虽然生活在第一和第四瀑布之间的努比亚人肤色确实是褐色的，但他们并不是"黑人"。直到新王国时期的埃及人到达那帕塔，即第四瀑布时，他们才接触到"黑人"，也正是从这时起，黑人越来越多地出现在绘画中。所以，古埃及是"白人"的土地，努比亚是"黑人"的土地。

　　最后，与谢赫·安塔·迪奥普所坚持的观点相反的是，由于埃及没有将其文化传播到非洲大陆的其他地方，埃及对非洲的意义并不像古希腊、古罗马对欧洲的意义那样大。

---

①埃及目前的大部分人可以说是黑皮肤的，但黑皮肤的人并不等于"黑人"。

附二　尼罗河水资源危机

从地缘政治的角度来讲，尼罗河极易带来纷争：埃及不能接受在尼罗河上游建造大坝，因为这会减少尼罗河支流的流量。然而，现在正在建设的大坝，特别是埃塞俄比亚的复兴大坝，将导致尼罗河流入埃及的流量减少250亿立方米，即目前流量的1/3。尼罗河水位下降后，尼罗河三角洲将受到地中海咸水的入侵，而自从阿斯旺大坝投入使用以来，三角洲地区就已经受到海水入侵了。

埃及农业生产部门产值占全国GDP的近20%，雇用了30%的劳动人口，生产的粮食却不到全国粮食总需求的50%，结果埃及被迫大量进口粮食，成为世界上第四大小麦进口国。

解决粮食问题的方法就摆在眼前：要么大幅减少人口增长速度，要么开发新耕地。在目前埃及的宗教背景下，降低人口增长速度是不可能实现的。于是，埃及希望在阿斯旺以南220千米、撒哈拉沙漠中的托西卡建设一个大型灌溉综合体，称新河谷计划，旨在通过一条310千米长的运河将纳赛尔水库的水引到巴里斯绿洲，由此将埃及的耕地面积从6%增加到35%。如果尼罗河流量下降了，这个项目又如何能进行呢？

再加上埃及与埃塞俄比亚及其他尼罗河上游国家就尼罗河水使用问题存在着巨大争端。根据埃及和苏丹1959年签署的条约，尼罗河水的使用权只归埃及和苏丹所有。因此，埃塞俄比亚及其他尼罗河上游国家要求重新协商尼罗河水的使用条件。

然而，埃塞俄比亚正在青尼罗河上修建的复兴大坝将导致尼罗河下游的流量减少，这是埃及所不能接受的[1]。因此，2019年10月5日，埃及提议就此开展国际调解，地区局势趋于紧张。

1970年，纳赛尔上校去世前几周曾宣布："埃及将永远不会再在该地区开战，除非是为了水。"1978年，萨达特总

---

[1] 2013年5月底，埃塞俄比亚宣布改道青尼罗河，以建造复兴大坝。建成后，复兴大坝将是非洲大陆最大的水坝，发电量为5240兆瓦，建设成本预估超过30亿欧元。

统明确重申了埃及立场："埃及将对一切危及青尼罗河水的行动采取坚决行动，就算导致战争也在所不惜……如果埃塞俄比亚准备在塔纳湖上修建大坝，那么埃及就准备和埃塞俄比亚开战。"

1999年，埃及威胁炸毁埃塞俄比亚在塔纳湖出水口处正在建造的大坝。

同年，为了化解紧张局势，9个尼罗河流域国家成立了政府间组织尼罗河流域倡议。

通过建造阿斯旺大坝及其巨大的水库，埃及希望在某种程度上将尼罗河的源头"带回"自己的国家，以继续控制尼罗河流量。为了报复埃及，苏丹启动了罗塞雷斯大坝项目，也因此在1958年遭到埃及空袭。1959年，在没有与上游国家进行任何协商的情况下，埃及和苏丹签署了一项协议，将尼罗河3/4的水量，即555亿立方米的河水拨给埃及，苏丹获得了剩下的1/4，即185亿立方米河水。

2010年5月14日，埃塞俄比亚、乌干达、卢旺达和坦桑尼亚等签署了《尼罗河合作框架协议》，拒绝承认1929年殖民时期和1959年签署的有关尼罗河水的协议。几天后，肯尼亚也加入了该协议。随后，这些国家成立了尼罗河流域委员会，总部设在亚的斯亚贝巴。埃及失去了对尼罗河的控制，尼罗河不再只是埃及和苏丹的财产。

尼罗河危机十分严峻，这是因为埃及与尼罗河上游的 8 个国家利益相冲突：

在中国和沙特资金援助下，苏丹已经开始实施建造大型水坝的政策。2009 年 3 月，第四瀑布的麦洛维大坝投入使用。之后，苏丹还计划建造其他需要大量用水的大坝，其中就包括梅拉维大坝。埃及没有对苏丹的水坝项目提出异议，因为埃及还需要苏丹的支持来对抗埃塞俄比亚。

埃塞俄比亚境内的青尼罗河（埃塞俄比亚人称阿贝河）提供了尼罗河 80% 的水源，但埃塞俄比亚只使用了阿贝河 0.3% 的水源。埃塞俄比亚近 50% 的人口生活在缺水状态下，只有不到 1% 的土地得到了灌溉。2001 年，埃塞俄比亚有 6500 万居民，2025 年人口预计达到 1.2 亿，2050 年预计达到 1.7 亿。

埃塞俄比亚政府希望将青尼罗河变成电力生产的主动脉，以便向阿拉伯半岛出口电力。为此，埃塞俄比亚计划改道尼罗河上游支流，开发这个"非洲水塔"，这将有利于埃塞俄比亚发展电力。然而，该计划将导致尼罗河流入埃及的流量每年减少 40 亿~80 亿立方米。2010 年 5 月，塔纳贝莱斯大坝落成，标志着埃塞俄比亚这一政策的初步落实。

埃塞俄比亚当局保证，在建和计划建设的项目竣工后不会对尼罗河下游的水位产生重大影响。这也许是真的，但是，仅在复兴大坝水库填充阶段，埃及的尼罗河流量就会下降 20%。

乌干达希望在白尼罗河上修建水坝。2012 年，为了解决乌干达首都坎帕拉的电力短缺问题，金贾附近的布贾卡里大坝建成启用。

肯尼亚 80% 的土地是干旱或半干旱的，完全依靠降雨进行农业生产。维多利亚湖地区有 18 万公顷的潜在耕地，这些耕地依赖尼罗河进行农业生产。肯尼亚希望能够向维多利亚湖运水。

坦桑尼亚希望从维多利亚湖修建一条 170 千米长的水渠，为维多利亚湖南部希尼安加地区 25 万公顷土地上生活着的 100 万人供水。

卢旺达希望在尼罗河上游支流尼亚巴隆哥河上建造几座水坝。

南苏丹独立后，尼罗河水资源争夺战又多了一个参与者，而且是一个对埃及不友好的参与者，因为埃及在南苏丹独立战争时期对苏丹政府提供了支持。

南苏丹希望控制青、白尼罗河流经其领土的部分。1983 年停工的琼莱运河问题是尼罗河水资源问题的核心。修建琼莱运河是为了部分弥补南部苏德沼泽地每年损失的 140 亿立方米水。但对南苏丹来说，这条运河对地区的生态平衡构成了威胁。

面对这种新状况，埃及处于弱势地位，因为埃及没有影响尼罗河流域地缘政治的政治、军事、外交或经济手段：

在经济上，埃及对尼罗河上游国家毫无影响；

在军事上，埃及无法在远离其国土的地方进行军事干预，只能在没有任何后续行动的情况下对水坝发动袭击，这只能导致局势恶化，不能解决问题。

这就是为什么在没有任何解决方案的情况下，埃及会在2019年要求就尼罗河水资源分配进行国际调解。但无论发生什么，结果都不会是决定性的。

参考文献

A

- Abun-Nasr, J., *The Tijaniyya : A Sufi Order in the Modern World*, Oxford, 1965.
- Achour, S., *L'Époque mamelouke en Égypte et en Syrie*, Le Caire, 1976.
- Adams, W.Y., *Nubia : Corridor to Africa*, Princeton, 1977.
- Allaoua, M., *Sur l'oasis de Siwa, Études et Documents Berbères*, n° 15-16, 1997-1998 (2000), pp. 313-318.
- Allard-Huard, L. et Huard, P., *La femme au Sahara avant le désert, Études scientifiques*, Le Caire, 1986.
- Allard-Huard, L., *Nil-Sahara. Dialogues rupestres*, Diajeu, France, 1993.
- Amory, S. et alii., *Diversité génétique de l'allèle 0 dans des populations berbères, Bulletin et mémoires de la Société d'Anthropologie de Paris*, 17, (3-4), 2005, pp. 199-207.
- Arkell, A.J., et Ucko, P.J., *Review of Predynastic Development in the Nile Valley, Current Anthropology*, vol. 6, n° 2, April 1965, pp.145-166.
- Arnauld, D. (R.P.), *Histoire du christianisme en Afrique. Les sept premiers siècles*, Paris, 2001.
- Awad, M., *Un fondateur de confrérie religieuse maghrébine : Sidi Ahmad Al-Tijani* (1737-1815), *Maroc-Europe*, n°2, 1992, pp. 233-266.
- Ayalon, D., *Le Phénomène mamelouk dans l'orient islamique*, Paris, 1996.

B

- Balta, P. et Rulleau, C., *La Vision nassérienne*, Paris, 1982.
- Barich, B., *Archaeology and Environment in the Libyan Sahara, The excavations in the Tadrart-Acacus 1978-1983*, Oxford, 1987.

- Barth, H., *Voyages et découvertes dans l'Afrique septentrionale et centrale pendant les années* 1849 à 1855, Paris, 1860.
- Bautier, R. H., *Les grands problèmes politiques et économiques de la Méditerranée médiévale, Revue historique,* juillet-septembre 1965, pp. 1-28.
- Bayoumi, A., *Les Ayyoubides en Égypte,* Le Caire, 1952.
- Beaufre, (Général), *L'Expédition de Suez,* Paris, 1967.
- Belkhodja, K., *L'Afrique byzantine à la fin du VIe et au début du VIIe siècle, Revue de l'Occident musulman et de la Méditerranée,* vol. 8, n° spécial, 1970, pp. 55-65.
- Bender, L., *The Nilo-Saharan Languages : A Comparative Essay,* Munich, 1997.
- Benoist-Méchin, J., *Bonaparte en Égypte : ou le rêve inassouvi,* Paris, 1966.
- Bernal, M., *Black Athena : The Afroasiatic Roots of Classical Civilization,* 2 volumes, vol. I : *The Fabrication of Ancient Greece* 1785-1985 (1987), vol. II : *The Archaeological and Documentary Evidence* (1991), Rutgers University Press, 1991.
- Bernand, A., *Alexandrie des Ptolémées,* Paris, 1995.
- Bernand, A., *Alexandrie la Grande,* Paris, 1998.
- Berque, J., *L'Égypte : Impérialisme et révolution,* Paris, 1967.
- Bianquis, T., *L'Égypte depuis la conquête arabe jusqu'à la fin de l'Empire fatimide* (1171) , In *Histoire générale de l'Afrique,* Unesco, T. III, Paris, 1997, pp. 146-168.
- Bigwood, J.M., *Ctesias' Account of the Revolt of Inarus, Phoenix,* 30, Spring 1976, pp. 1-25.
- Biondi, J.-P., *Les Anticolonialistes* (1881-1962), Paris, 1993.
- Birley, A.-R., *Septimius Severus : The African Emperor,* Yale University, 1989.
- Bonneau, D., *La Crue du Nil, divinité égyptienne à travers mille ans d' histoire* (332 av.-641 apr. J.-C.), Paris, 2001.
- Boyer, P.F.X., (Général), *Historique de ma vie* (1772-1851), 2 volumes, Paris, 2001.
- Braudel, F., *La Méditerranée et le monde méditerranéen à l'époque de Philippe II,* 2 tomes, Paris, 1966.
- Brégeon, J.-J., *L'Égypte française au jour le jour* (1798-1801), Paris, 1991.

214

- Burstein, S.M., *Alexander in Egypt, Continuity and change, Achaemenid History*, vol.VIII, 1990, pp. 381-387.
- Butler, A.J., *The Arab conquest of Egypt and the last Thirty Years of the Roman Dominion*, Oxford, 1902.

C

- Cabouret, B., *L'Afrique romaine de 69 à 439 : Romanisation et Christianisation*, Nantes, 2005.
- Chagnon, L., *La conquête musulmane de l'Égypte* (639-646), Paris, 2008.
- Charles-Roux, F., *Bonaparte gouverneur d'Égypte*, Paris, 1936.
- Christol, M., *Regards sur l'Afrique romaine*, Paris, 2005.
- Christophe, L.A., *L'organisation de l'armée égyptienne à l'époque de Ramsès II*, La Revue du Caire, 1957, pp. 387-405.
- Ciammaichella, G., *Libyens et Français au Tchad* (1897-1914) : *La confrérie Sénoussie et le commerce transsaharien*. Paris, 1987.
- Clayton, P.A., *Chronique des Pharaons : L'histoire règne par règne des souverains et des dynasties de l'Égypte ancienne*, Paris, 1995.
- Clot, A., *L'Égypte des Mamelouks : L'empire des esclaves* (1250-1517), Paris, 1988.
- Collectif, *L'Égypte d'aujourd'hui : Permanence et changements* (1805-1976), CNRS, Paris, 1977.
- Cuoq, J.-M. (R.P.), *L'Église d'Afrique du Nord du IIᵉ au XIIᵉ siècle*, Paris, 1984.
- Cuoq, J.-M. (R.P.), *Journal d'un notable du Caire de 1798 à 1801*, Présenté par J.-M. Cuoq, Paris, 1979.

D

- Dachraoui, F., *Le Califat fatimide au Maghreb* (296-362/909-973), Tunis, 1981.
- Datoo, B., *Rhapta : the location and importance of East Africa's first port*, Azania, V, 1970, pp. 65-76.
- Delanoue, G., *Le Nationalisme égyptien*, in *L'Égypte d'aujourd'hui*, 1977, pp. 129-156.
- Donadoni, S., *L'Égypte sous la domination romaine*, Histoire Générale de l'Afrique, T. II, Unesco, Paris, 1980, pp. 217-237.

E

- Eddé, A.-M., *Saladin*, Paris, 2008.
- Ehret, C., *Reconstructing Proto-Afroasiatic (Proto-Afrasian) : Vowels, Tone, Consonants and Vocabulary*, vol. 126, University of California, 1996.
- Ehret, C., *Who were the Rock Painters ? Linguistic Evidence for the Holocene Populations of the Sahara*, News 95-*International Rock Art Congress*, 30 août-6 septembre 1995, Turin.
- El Ansary, N., *L'Encyclopédie des souverains d'Égypte : Des Pharaons à nos jours*, Liège, 2001.
- El-Beltagui, M., *L'Indépendance nationale égyptienne*, Paris, 1975.
- Ennaji, O., *Le Sujet et le Mamelouk : Esclavage, pouvoir et religion dans le monde arabe*, Paris, 2007.

F

- Fakhry, A., *The Oasis of Egypt*, T. I : *Siwa oasis* (1973); T. II : *Bahriyah and Farafra Oasis* (1974), The American University in Cairo Press, Le Caire.
- Fargette, G., *Méhémet Ali, Le fondateur de l'Égypte moderne*, Paris, 1996.
- Faucamberge, E. de, *Abou Tamsa : étude d'un nouveau site néolithique en Cyrénaïque (Libye)* , *Afrique : Archéologie et Arts*, vol. 6, 2010, pp. 101-102.
- Faucamberge, E. de, *Néolithisation et Néolithique en Cyrénaïque (Libye)*, *Encyclopédie Berbère*, notice 43, fascicule XXXIV, 2012a, pp. 5474-5481.
- Faucamberge, E. de, *Les recherches préhistoriques de la Mission archéologique française en Cyrénaïque (Libye)* , In *Libye antique et médiévale, Hommage à André Laronde*, Paris, 2012b, pp. 13-27.
- Faucamberge, E. de, *Le Site néolithique d'Abou Tamsa (Cyrénaïque, Libye)*. Paris, 2015.
- Faulkner, R.O., *Egyptian Military Organization*, *Journal of Egyptian Archaeology*, 39, 1953, pp. 32-47.

- Fauvelle-Aymar, F.-X.; Chrétien, J.-P., et Perrot, C.-H., *Afrocentrismes: L'histoire des Africains entre Égypte et Amérique*, Paris, 2000.
- Ferro, M., *Suez*, 1956 : *Naissance d'un tiers-monde*, Paris, 2006.
- Fogel, F., *Mémoires du Nil : Les Nubiens d'Égypte en migration*, Paris, 1997.
- Frend, W.C., *The Donatist Church : a Movement of protest in Roman North Africa*, Oxford, 1952.
- Froment, A., *Origines du peuplement de l'Égypte Ancienne : l'apport de l'anthropobiologie, Archéonil*, 2, 1992, pp. 79-98.
- Froment, A., *Race et Histoire : la recomposition idéologique de l'image des Égyptiens Anciens, Journal des Africanistes*, 64, 1994, pp. 37-64.

G
- Grandin, N., *Le Soudan nilotique et l'administration britannique* (1898-1956), *Eléments d'interprétation Socio-historique d'une expérience coloniale, Social, Economic and Political Studies of the Middle East*, vol. XXIX, Leiden, 1982.
- Grimal, N., *Histoire de l'Égypte ancienne*. Paris, 1988.

H
- Hanotaux, G., *Histoire de la nation égyptienne*, Paris, 1934.
- Hassan, A., *L'Égypte au Moyen Âge, de la conquête arabe jusqu'à la conquête ottomane*, Le Caire, 1964.
- Hathaway, J., *The Politics of Households in Ottoman Egypt : The Rise of the Qazdaglis*, Cambridge University Press, 1996.
- Holt, P.M., *The position and Power of the Mamluk Sultans, Bulletin of the School of Oriental and African Studies*, XXXVIII, 2, Londres, 1975, pp. 237-249.
- Hrbek, I., *L'avènement des Fatimides, Histoire générale de l'Afrique*, T. III : *L'Afrique du VIIe au Xe siècle*, ch. 12, Unesco, Paris, 1997, pp. 248-265.
- Hrdy, D.R., *Analysis of Hair Samples of Mummies from Semna-South, American Journal of Physical Anthropology*, n° 49, 1978, pp. 277-283.
- Huard, P. ; Leclant, J. et Allard-Huard, L., *La Culture des Chasseurs du Nil et du Sahara*, Alger, 1980.

- Huard, P. et Allard-Huard, L., *Les peintures rupestres du Sahara et du Nil, Études scientifiques*, Le Caire, juin 1978.
- Hugot, Ch., *Ptolemaica : une bibliographie sur l'Égypte lagide*, Université de Lille3, en ligne, 2004.
- Hussein, A., *Encyclopédie de l' histoire de l'Égypte*, 5 volumes, Dar el Chaab, 1973.
- Hussein, M., *L'Égypte*, T. I : 1945-1967 ; T. II : 1967-1973, Paris, 1975.

J

- Jakobielski, S., *La Nubie chrétienne à l'apogée de sa civilisation, Histoire générale de l'Afrique*, T. III, Unesco, Paris, 1997, pp. 169-186.
- Janvier, Y., *La mer Rouge, lien entre deux mondes dans l'Antiquité, Cahiers d'Histoire*, T. XXI, 1976.

K

- Kachef, S. et Mahmoud, H., *L'Égypte à l' époque des Tulunides et des Ikhchidites*, Le Caire, 1952.
- Kachef, S., *L'Égypte à l' époque des Ikhchidites*, Le Caire, 1950.
- Kerr, M.H., *The Arab cold war : Gamal'Abd Al-Nasser and his Rivals (1958-1970)*, Oxford, 1971.
- Kropacek, L., *La Nubie de la fin du XIIe siècle à la conquête par les Funj au début du XVIe siècle*, In *Histoire générale de l'Afrique*, T. IV, Unesco, Paris, 1991, pp. 250-264.

L

- La Jonquière, Ch., *L'Expédition d'Égypte*, 5 volumes, Paris, 1899-1905.
- Laissus, Y., *L'Égypte, une aventure savante (1798-1801)*, Paris, 1998.
- Laurens, H., *L'Expédition d'Égypte (1798-1801)*. Paris, 1989.
- Le Bohec, Y., *Histoire de l'Afrique romaine (146 av. J.-C.-439 apr.J.-C.)*, Paris, 2005.
- Le Dinahet, M.-Th., *L'Orient méditerranéen de la mort d'Alexandre au Ier siècle avant notre ère : Anatolie, Chypre, Égypte, Syrie*, Nantes, 2003.

218

- Lefebvre, D., *L'Affaire de Suez*, Paris, 1996.
- Lellouch, B. et Michel, N., *Conquête ottomane de l'Égypte* (1517). *Arrière-plan, impact, échos*, Paris, 2013.
- Leroux, M., *Interprétation météorologique des changements climatiques observés en Afrique depuis* 18 000 *ans, Geo-Eco-Trop*, 16, (1-4), 1994, pp. 207-258.
- Lesure, M., *Les Ottomans et l'Éthiopie, Mare Luso-Indicum*, III, 1976, pp. 199-204.
- Lloyd, A. et alii., *The Late Period*, 664-323 *BC*, In *Ancient Egypt. A Social History*, Cambridge University Press, 1983, chap. 4, pp. 279-348.
- Lorand, D., *Arts et politique sous Sésostris Ier. Littérature, sculpture et architecture dans leur contexte historique*, Anvers, 2011.
- Lucotte, G. et Mercier, G., *Brief Communication : Y-Chromosome Haplotypes in Egypt, American Journal of Physical Anthropology*, n° 121, pp. 63-66, 2003.
- Lucotte, G. ; Aouizérate, A. et Berriche, S., *Y-chromosome DNA haplotypes in North African populations, Human Biology*, vol. 72, 2000, pp. 473-480.
- Lugan, B., *Printemps arabe : Histoire d'une tragique illusion*, Paris, 2013.
- Lugan, B., *Histoire du Maroc : Des origines à nos jours*, Paris, 2011.
- Lugan, B., *Histoire de la Libye : Des origines à nos jours*, Paris, 2015.
- Lugan, B., *Histoire de l'Afrique du Nord : Des origines à nos jours (Égypte, Libye, Tunisie, Algérie, Maroc)*, Paris, 2016.
- Lugan, B., *Histoire de l'Afrique : Des origines à nos jours*, Paris, 2020.
- Lugan, B., *Atlas historique de l'Afrique : Des origines à nos jours*, Paris, 2019.

M
- Mac Burney, Ch., *The Haua Fteah (Cyrenaica) and the Stone Age of the South-East Mediterranean*, Cambridge University Press, 1967.

- Manni, E. et alii., (2002) *Y-chromosome analysis in Egypt suggests a genetic regional continuity in Northern Africa, Human Biology*, 74 (5), 2002, pp. 654-658.
- Mansouri, M. T., *Recherche sur les relations entre Byzance et l'Égypte (1259-1453) (d'après les sources arabes)*, Faculté des Lettres de la Manouba, Tunis, 1992.
- Mantran, R., *L'Empire ottoman du XVIe au XVIIIe siècle*, Londres, 1984.
- Mantran, R., *L'Expansion musulmane (VIIe-XIe)*, Paris, 1986.
- Mantran, R., *Histoire de l'Empire Ottoman*, Paris, 1989.
- Martin, G.T., *The Memphite tomb of Horemheb Commander-in-chief of Tutankhamun.I. Reliefs, Inscriptions and Commentary*. Londres, 1989.
- Mauny, R., *Le périple de la mer Érythrée et le problème du commerce romain en Afrique au sud du Limes, Journal de la Société des Africanistes*, 38,1, 1968, pp. 19-34.
- McCabe, S., *Aegyptopithecus, The International Encyclopedia of Primatology*, 2017, en ligne.
- Midant-Reynes, B., *Préhistoire de l'Égypte : Des premiers hommes aux premiers pharaons*, Paris, 1992.
- Midant-Reynes, B., *Nagada, Dictionnaire de l'Égypte ancienne*, Encyclopædia Universalis, Paris, 1998, pp. 256-260.
- Midant-Reynes, B., *L'Égypte prédynastique : terre de métissages*, In Fauvelle-Aymar et alii., 2000, pp. 151-168.
- Milne, J.G., *A History of Egypt under Roman Rule*, Chicago, 1992.
- Mitchell, R., *The Society of the Muslim Brothers*, Oxford University Press, 1969.
- Muzzolini, A., *L'Art rupestre du Sahara central : classification et chronologie. Le boeuf dans la préhistoire africaine*, Thèse de doctorat de 3e cycle, université d'Aix-en-Provence, 1983.
- Muzzolini, A., *Les chars préhistoriques du Sahara : Archéologie et techniques d'attelage*, In Actes du Colloque de Sénanque, université de Provence, 1981, pp. 45-56.
- Muzzolini, A., *L'Art rupestre préhistorique des massifs centraux sahariens*, Cambridge, 1986.
- Muzzolini, A., *Les Images rupestres du Sahara*, Toulouse, 1995.

N

- Nikiprowetzky, V., *Mitani, Dictionnaire de l'Égypte ancienne*, Encyclopædia Universalis, Paris, 1998, pp. 252-253.

P

- Pringle, D., *The Defence of Byzantine Africa from Justinian to the Arab Conquest : An Account of the military history and archaeology of the African provinces in the Sixth and Seventh Centuries*, 2 volumes, Oxford, 1981.
- Pritchard, E.E., *The Sanusi of Cyrenaica*, Oxford, 1963.
- Prunier, G., *L'Égypte et le Soudan* (1820-1885)*: Empire tardif ou protocolonisation en Afrique orientale*, Hérodote, n° 65-66, juillet-septembre 1992, pp. 169-189.

R

- Rabino-Massa, E. et Chiarelli, B., *The Histology of Naturally Dessicated and Mummified Bodies*, Journal of Human Evolution, 1, 1972, pp. 259-262.
- Rebuffat, R., *Zella et les routes d'Égypte*, Libya Antiqua, vol.VI-VII, 1969-1970, pp. 181-187.
- Rebuffat, R., *Routes d'Égypte de la Libye intérieure*, Studi magrebini, III, 1970, pp. 1-20.
- Redford, D.B., *Akhenaton : The Heretic King*, Princeton University Press, 1987.
- *L'Affaire de Suez, 30 ans après*, Revue historique des Armées, décembre 1986.
- Ribémont, B., *Une vision de l'Orient au XIVᵉ siècle : la prise d'Alexandrie de Guillaume de Machaut*, Cahiers de recherches médiévales, 9, 2007.
- Ritner, R., *Egypt and the Vanishing Libyan : Institutional Responses to a Nomadic people*, In Nomads, Tribes, and the State in the Ancien Near East, number 5, The Oriental Institute of the University of Chicago, 2009, pp. 43-49.
- Rondot, P., *Égypte et Libye : Accord de principe et dissentiment aigu*, Le mois en Afrique, n° 92, août 1973, pp. 10-13.
- Rondot, P., *L'Égypte et l'"arabisme engagé"*, Revue française d'études politiques méditerranéennes, 18/19, juin-juillet 1976, pp. 88-102.

—

S
- Shaw, T., *La Nubie de la fin du XIIe siècle à la conquête par les Funj au début du XVIe siècle, Histoire générale de l'Afrique*, T. II, Unesco, Paris, 1997, pp. 251-264.
- Shuenemann, V. et alii., *Ancient Egyptian mummy genomes suggest an increase of Sub-Saharan African ancestry in post-Roman periods*, *Nature Communications*, 8, 2017.
- Sinoué, G., *Le Dernier Pharaon, Méhémet Ali* (1770-1849), Paris, 1996.
- Skeat, T.C., *The Reigns of the Ptolemies*, Londres, 1954.
- Spencer, A.J., *Early Egypt : The Rise of Civilisation in the Nile Valley*, London, British Museum, 1993.
- Spillmann, G. (général), *Napoléon et l'Islam*, Paris, 1969.
- Stephens, R., *Nasser : a political biography*, Londres, 1971.

T
- Taylor, J.H., *Egypt and Nubia*, London, British Museum, 1991.
- Thiry, J., *Bonaparte en Égypte*, Paris, 1973.
- Thurman, L., *Chroniques égyptiennes : Des sables du désert aux rives du Nil* (1798-1801), 2014.
- Tranié, J. et Carmigniani, J.-C., *Bonaparte : La campagne d'Égypte*, Paris, 1988.
- Triaud, J.-L., *La Légende noire de la Sanûsiyya : Une confrérie musulmane saharienne sous le regard français* (1840-1930), Paris-Aix-en-Provence, 1995.
- Tulard, J., *Bonaparte en Égypte*, L'Histoire, n° 61, 1983, pp. 30-41.

V
- Valbelle, D., *Les neuf arcs : L'Égyptien et les étrangers de la préhistoire à la conquête d'Alexandre*, Paris, 1990.
- Vandersleyen, C., *L'Égypte et la vallée du Nil*, T. 2 : *De la fin de l'Ancien Empire à la fin du Nouvel Empire*, Paris, 1995.
- Vercoutter, J., *L'Iconographie du Noir dans l'Égypte ancienne, des origines à la XXVe dynastie*, In Vercoutter, Leclant, Snowdon, Desanges, *L'Image du Noir dans l'art occidental*, Fribourg, 1976, pp. 33-88.

222

- Vercoutter, J., *L'Égypte et la vallée du Nil*, T. 1 : *Des origines à la fin de l'Ancien Empire*, Paris, 1992.
- Vercoutter, J., *L'image du Noir en Égypte ancienne*, Bulletin de la Société française d'Égyptologie, n° 135, 1996, pp. 167-174.
- Vernet, R., *Le Sahara préhistorique entre Afrique du Nord et Sahel : état des connaissances et perspectives*, 2004, en ligne.
- Vernus, P., *Situation de l'égyptien dans les langues du monde*, Fauvelle-Aymar et alii., 2000, pp. 169-208.
- Vesely, R., (1998) *L'Égypte sous l'empire ottoman*, Histoire générale de l'Afrique, Unesco, T. V, Paris, 1998, pp. 120-141.

W

- Walker, S., *Ancient Faces : an exibition of Mummy Portraiture at the British Museum*, Egyptian Archaeology, 10, 1997, pp. 19-23.
- Wilding, D., *L'image des Nubiens dans l'art égyptien*, Soudan, Royaumes sur le Nil, catalogue de l'exposition de l'Institut du Monde Arabe, 1997, pp. 144-157.

Z

- Zayed, A.H., *Relations de l'Égypte avec le reste de l'Afrique*, Histoire générale de l'Afrique, Unesco, T. II, 1980, pp. 133-152.